KB210709

팀 켈러,

당신을 위한
갈라디아서

GALATIANS FOR YOU

© Timothy Keller, 2013
Originally published in English in the U.K. under the title: Galatians for You
by The Good Book Company
All rights reserved.

Korean Translation Copyright © 2018 by Duranno Ministry
38, 65-gil, Seobinggo-ro, Yongsan-gu, Seoul, Republic of Korea

This edition is published by arrangement with The Good Book Company.

팀 켈러,
당신을 위한 갈라디아서

지은이 | 팀 켈러
옮긴이 | 윤종석
초판 발행 | 2018. 6. 13
11쇄 발행 | 2024. 10. 7
등록번호 | 제1988-000080호
등록된 곳 | 서울시 용산구 서빙고로65길 38
발행처 | 사단법인 두란노서원
영업부 | 02)2078-3333 FAX | 080-749-3705
출판부 | 02)2078-3330

책값은 뒤표지에 있습니다.
ISBN 978-89-531-3168-2 04230
       978-89-531-2122-5 (세트)

독자의 의견을 기다립니다.
tpress@duranno.com   http://www.duranno.com

두란노서원은 바울 사도가 3차 전도 여행 때 에베소에서 성령 받은 제자들을 따로 세워 하나님의 말씀으로 양육
하던 장소입니다. 사도행전 19장 8-20절의 정신에 따라 첫째 목회자를 돕는 사역과 평신도를 훈련시키는 사역,
둘째 세계선교™와 문서선교 단행본·잡지 사역, 셋째 예수문화 및 경배와 찬양 사역, 그리고 가정·상담 사역 등을
감당하고 있습니다. 1980년 12월 22일에 창립된 두란노서원은 주님 오실 때까지 이 사역들을 계속할 것입니다.

팀 켈러,

당신을 위한
갈라디아서

팀 켈러 지음 | 윤종석 옮김

두란노

Contents

Part 2

교회에 스며든
'변질된 복음'에 맞서라

Part 5

은혜의 복음,
다시 새롭게 경험하라

●

복음은
우리 삶을 송두리째 변화시키는
다이너마이트다

갈라디아서는 다이너마이트다. 우리에게 깊은 의미와 안정과 만족을 누리게 하는 기쁨과 자유의 폭발이다. 하나님이 자기 백성을 부르시는 복된 삶이다.

:: 그리스도인에게도 복음은 반드시 필요하다
왜 그러할까? 우리를 복음과 대면시키기 때문이다. 많은 그리스도인들이 '복음'을 비신자들만을 위한 것이라는 생각을 비일비재하게 한다. 흔히 우리에게 복음이란 일련의 기초 교리이며 사람을 하나님 나라에 들어가게 하는 관문이다. 일단 회심한 후에는 복음을 듣거나 공부하거나 이해할 필요가 없고 더 '고차원적인' 내용이 필요하다는 것이다.

그러나 바울이 이 짤막한 서신(갈라디아서)에 개괄한 충격 적인 진리가 있다. 복음은 그리스도인의 삶의 전부이다. 복음 은 하나님 나라에 들어가는 관문일 뿐 아니라 그 나라의 시민 답게 살아가게 하는 방식이다. 그리스도는 복음을 통해 사람 과 교회와 공동체를 변화시키신다.

바울이 갈라디아의 새신자들에게 밝혔듯이, 그들의 영적

문제의 원인은 하나님께 순종하여 살지 않은 것과 순종하는 행위 자체에만 의존했다는 데 있다. 차차 살펴보겠지만 바울은 그들의 평생에 필요한 것을 자격 없는 그들에게 하나님이 그리스도의 삶과 죽음과 부활을 통해 베푸시는 은총의 복음뿐이라고 했다. 이런 문제의 해결책으로 바울은 그들에게 '더 나은 그리스도인'이 되라고 말한 게 아니라 복음에 내포된 의미대로 살 것을 촉구했다.

:: 복음은 기독교의 기초만이 아니라 전부다

바울은 그들을 향해, 그리고 우리를 향해 이런 단순한 진리로 도전한다. 복음은 기독교의 기초만이 아니라 전부다. 비신자 못지않게 그리스도인에게도 복음은 반드시 필요하다.

바울의 설명처럼 복음의 제반 진리는 삶을 송두리째 변화시킨다. 우리 마음과 사고는 물론이고 모든 관점을 바꾸어 놓는다. 복음의 메시지가 말해 주듯이 우리는 생각보다 악한 존재이다. 그럼에도 그리스도 안에서 상상을 초월하는 사랑과 수용을 받는다. 이 복음이 개인의 성장과 순종과 사랑에 철저히 새로운 역동을 낳는다.

갈라디아서의 주제는 '복음'이다. 우리 모두의 평생에 꼭 필요한 복음이다. 복음은 다이너마이트다. 이 책을 읽는 동안 그 복음이 당신의 심령 속에 폭발하기를 기도한다. 또한 다른 사람들의 심령에도 복음이 똑같이 역사하는 모습을 보려는 열정에 당신이 사로잡히기를 기도한다.

:: 갈라디아서의 역사적 배경

사도 바울은 교회 개척 선교사였다. 교회를 개척하고 그 지역을 떠난 뒤에는 편지로 새신자들을 계속 감독했다. 소아시아의 갈라디아 지역에 있던 기독교 교회들에 보낸 이 서신도 그런 편지 중 하나다. 대다수 학자가 동의하듯이 이 편지는 AD 50년경(그리스도께서 죽으신 지 불과 15-20년 후)에 바울이 기록했다. 아래의 세 가지 역사적 배경을 알아 두면 이 서신을 이해하는 데 도움이 될 것이다.

이 편지는 갈라디아 교회들의 사회적, 인종적 분열을 다루고 있다. 예루살렘의 첫 그리스도인들은 유대인이었으나 복음이 그 중심지로부터 퍼져 나가면서 그리스도를 받아들이는 이방인의 수가 점점 많아졌다. 그런데 갈라디아의 일부 교사들은 이방인 그리스도인도 유대인 그리스도인처럼 모세 율법의 전통 의식(儀式)을 관습대로 다 지켜야 한다고 주장했다. 그들의 가르침에 따르면 이방인도 하나님께 온전히 받아들여지고 그분을 전적으로 기쁘시게 하려면 음식법을 지키고 할례를 받아야만 했다.

이 특정한 논란이 오늘 우리와는 동떨어져 보일 수도 있다. 그러나 바울은 이 문제를 다룰 때 가장 중요한 불변의 진리로 대응했다. 그가 가르쳤듯이 갈라디아 교회들의 문화적 분열과 불화는 복음의 본질에 대한 혼란 때문이었다. 위의 교사들은 뭔가를 더해야만 하나님께 온전히 받아들여질 수 있다고 주장했다. 하나님과 관계 맺는 방식을 바울이 가르친 방식("우리가 너희에게 전한 복음," 1:8)과는 전혀 다르게("다른 복음," 1:6) 제시한 것이다. 바로 이 다른 복음이 문화적 분열과 갈등을 일으켰다. 바울은 당당하고 치열하게 '다른 복음'에 맞서 싸웠다. 참 복음을 놓치면 곧 그리스도를 떠나고 잃기 때문이다(1:6). 그러므로 이는 전부가 걸린 중요한 논쟁이었다.

역사적 배경 중 명백한 사실이 흔히 간과되기 마련이다. 바울은 갈라디아서에 복음이 무엇이며 어떻게 역사하는지 설명했다. 그런데 본래 이 복음의 해설을 들은 수신자는 모두 믿음을 고백한 그리스도인이었다. 비신자만 아니라 그리스도인도 복음을 계속 배우고 삶에 적용해야 한다.

이 책은 주석이 아니다. 성경 원어에 대한 식견이나 높은 수준의 성경 지식을 전제로 하지 않았다. 그래서 혼자만의 묵상의 일환으로 책을 보아도 좋고, 교회 설교나 성경 공부 시리즈와 병행해도 좋다.

부록에서는 갈라디아서의 메시지를 둘러싼 현대의 몇 가지 논쟁을 다루었다. 이 책을 통해 열어 보이려는 갈라디아서에 매료되기를 기도한다. 바울 사도가 가리켜 보이려는 그분을 찬양하기를 기도한다. 이제 시작해 보자.

::

Part 1

다른 복음은
없다

GALATIANS
FOR YOU
TIMOTHY KELLER

01

●

다른 복음은 복음이 아니다

갈 1:1-9

●

이같이 속히 떠나
다른 복음을 따르는 것을
내가 이상하게 여기노라

갈라디아서 서두에서 가장 눈에 띄는 면은 아마 바울의
어조와 그 배후 심경일 것이다. 그는 놀란듯이 보이고 화난 듯
도 보인다. 그의 말투는 처음부터 놀랍도록 강경하다. 대개 바
울서신은 안부에 이어 수신자로 인한 감사로 넘어간다(빌 1:3-8,
골 1:3-8, 고전 1:4-9 참조). 그런데 여기에는 "내가 이상하게 여기
노라"(6절)라고만 되어 있다. 무엇이 바울의 감정을 이토록 격
하게 만들었는가?

:: 복음이 아닌 복음을 붙잡은 위험
먼저 바울이 이상하게 여긴 이유는 새로 믿은 그리스도
인들이 복음이 아닌 복음을 붙잡았기 때문이다(7절). 그래서 그

들은 엄청난 위험과 교란(7절)에 빠졌다.

또한 직접적으로 그는 교회의 회심자들을 그릇된 길로 이끄는 이들을 향하여 화가 났다. 바로 '복음을 변하게 하려'는 사람들이다(7절). 바울은 그들에게 저주를 발한다(9절). 간접적으로는 갈라디아 그리스도인에게도 화가 났다. 그들을 부르신 하나님을 그들이 떠나고 있다는 경고(6절)는 중대한 고발이었다.

앞으로 서신을 쭉 살펴보면 알겠지만, 처음부터 그를 격앙시킨 원인은 교사들에게 있었다. 그들은 이방인 그리스도인 회심자들에게 가르치기를, 하나님을 참으로 기쁘시게 하려면 모세 율법에 규정된 유대교의 문화적 관습 – 음식법, 할례, 나머지 의식법 – 을 의무적으로 지켜야 한다고 했다. 갈라디아 교인들에게 이는 그들이 여태 배우던 바와 근본적으로 달라 보이지 않았을 것이다. 하나님을 기쁘시게 하는 삶이야말로 그리스도인의 관건이 아니던가! 그러나 바울은 이렇게 말한다. "이는 내가 너희에게 했던 모든 말을 완전히 부인하는 처사다."

그는 대충 넘어가지 않는다. 하지만 바울이 믿은 복음을 우리도 그대로 믿는다면, 그의 태도가 정당함을 알 것이다. 갈라디아 교인들이 정말 하나님을 등지고 복음 아닌 복음을 붙잡았다면 그들의 상태는 그 어느 때보다 위험했을 것이다. 사랑하는 자녀나 친구가 심각하게 잘못된 길로 간다면, 누구든 바울과 같이 불안과 불만을 드러냈을 것이다.

하지만 바울이 누구이기에 이 그리스도인들에게 이런 식으로 말하는가?

그는 '사도'(1절) 즉 하나님의 권위를 직접 부여받고 보내진 사람이다. 헬라어 원어로 아포스톨로스(apostolos)는 '보냄 받았다'라는 뜻이다. "사람들에게서 난 것도 아니요 사람으로 말미암은 것도 아니요"라는 그의 말에 사도들의 독특성이 잘 드러난다. 오늘날에도 사역의 길로 성령의 부르심을 받은 사람들은 '사람들에게서 난 것'이 아니다. 그들 사역의 궁극적 기원은 예수님의 부르심이고, 궁극적 권위는 성경에 기록된 예수님의 말씀에 있다. 하지만 그들은 '사람으로 말미암아' 지명된다(여기에 쓰인 헬라어 전치사 디아(dia)는 영어 단어 'diameter'[직경]에서처럼 '무엇에 의하여, 무엇을 통하여'라는 뜻이다). 즉 사역자들은 궁극적으로 하나님의 부르심을 받지만, 그 부르심은 다른 사역자들이라는 인간 중재자를 통해 또는 회중의 선출을 통해 온다.

그런데 자신에 대한 바울의 주장은 그 이상이다. 자신이 사도직의 위임을 어느 누구를 통해서도 받은 게 아니라고 말한다. 다른 사도들이 그를 위임한 게 아니었다. 부활하신 예수님이 직접 그를 위임하시고 가르치셨다(행 9:1-19 참조).

또한 8-9절에 보듯이 그는 하나님의 특수한 메시지인 복음을 전하도록 보냄을 받았다. 이 말은 그가 하나님께 받은 가르침이 곧 누가 정통이고 누가 이단인지를 판가름하는 기준이라는 뜻이다. 그래서 그는 9절에 이렇게 말한다. "만일 누구든 지 너희가 받은 것 외에 다른 복음을 전하면 저주를 받을지어 다." 아무리 사도라도 그리스도의 메시지를 변경하거나 수정 하거나 그것에 무엇을 더할 수 없다. 바울이 하는 말은 자신의 공부, 연구, 묵상, 지혜의 산물이 아니라 하나님께 받은 것이 다. 따라서 변하지도 않고 변할 수도 없다.

이런 의문이 들 수 있다. 오늘날에도 사도가 있는가? 바 울과 열두 사도 같은 정식 사도는 없다. 물론 초대교회에 '교회 의 사도'라 불린 사람들이 더 있긴 했다(고후 9:3). 바나바도 안 디옥으로 '보냄 받았다'는 의미에서 '사도'였다(행 11:22, 행 14:14 참조). 그러나 선교사로 보냄 받긴 했어도 그들을 위임한 주체 는 본래의 다른 사도들이나 각 교회였다.

즉 '사람으로 말미암은 것'이다. 바울과 열두 사도와는 달리 바나바는 부활하신 그리스도를 만난 적도 없고, 몸으로 계신 그리스도께 복음을 배우고 지도받은 적도 없다.

요컨대 그때나 지금이나 특별한 리더십의 은사를 받은 사람들을 '광의의 사도'(Capital-Apostle)라 부를 수는 있다. 하지 만 바울은 예수께 직접 위임을 받은 '협의의 사도'(Small-Apostle) 였다. '협의의 사도'들에게는 절대적 권위가 있었고 그 권위는 지금도 유효하다(그들이 쓴 글이 성경이 되었다).   •

그래서 하나님께 위임받은 이 사도는 갈라디아 그리스도인들에게 그분의 특수한 메시지인 복음을 상기시킨다. 서두에서 그는 복음의 메시지를 속성(速成)으로, 그러면서도 꽤 종합적으로 이렇게 개괄했다.

우리는 누구인가? 무력하고 잃어버린 존재다. 그게 4절의 '건지시려고'라는 단어에 함축된 의미다. 타종교 창시자들은 가르치러 왔을 뿐 건지러 오지 않았다. 예수 그리스도는 위대한 교사이셨지만, 바울이 한마디로 요약한 그분의 사역에서 그 부분은 아예 언급되지 않는다. 웬만한 세상 사람들이 보기에 그리스도인이란 그리스도의 가르침과 모본을 따르는 사람이다. 그러나 바울의 말에 암시되어 있듯이 그것은 어불성설이다. 상대를 잃어버려 무력한 상태에 놓이지 않고서는 그를 건질 수 있는 사람이 없다. 물에 빠진 사람이 눈앞에 있다고 상상해 보라. 그에게 수영하는 법이 적힌 책자를 던지는 것은 전혀 도움이 안 된다. 그에게 필요한 것은 가르침이 아니라 밧줄이다. 예수님은 교사이기보다 건지시는 분이다. 우리에게 가장 필요한 것이 '건짐'이기 때문이다. 우리의 됨됨이나 행위는 전혀 우리를 구원하지 못한다. 신학자들은 이를 일컬어 '영적 무능력'이라 한다.

그렇다면 예수님께서 하신 일은 무엇인가. 그분은 우리를 어떻게 건지셨는가? "우리 죄를 대속하기 위하여 자기 몸을 주셨"다(4절). 친히 대속(代贖)의 제물이 되셨다. 여기 '위하여'라는 말은 '대표하여, 대신하여'라는 뜻이다. 복음이 그토록 혁명적인 이유는 대속에 있다. 그리스도의 죽음은 그냥 막연한 희생이 아니라 대속의 희생이다. 그분은 우리에게 단지 '재기의 기회'를 주신 게 아니다. 삶을 바로잡고 하나님과 바른 관계를 유지할 기회를 한 번 더 주신 게 아니다. 예수님은 우리가 해야 하지만 할 수 없는 일을 전부 대신하셨다. 그분의 죽음으로 우리의 죗값이 대신 치러졌기 때문에 우리는 그 누구로부터도 정죄당할 수 없다. 왜 그러한가? 만약 그러면 하나님이 같은 죄에 두 번의 책임을 물으시는 셈이고, 이는 불공정한 일이기 때문이다! 예수님은 우리가 했어야 할 일을 모두 대신하셨다. 따라서 그분이 우리 구주가 되시면 우리는 형벌이나 정죄로부터 완전히 해방된다. [복음이 그토록 혁명적인 이유는 대속에 있다.]

아버지께서 하신 일은 무엇인가. 하나님은 그리스도께서 우리를 대신하여 이루신 일을 받아들이셨다. 그래서 그분을 '죽은 자 가운데서' 살리셨고(1절), 그리스도께서 우리를 위해 얻으시고 이루신 '은혜와 평강'을 우리에게 주셨다(3절).

왜 그렇게 하셨는가? 모두 은혜로 된 일이다. 우리의 행위 때문이 아니라 "하나님 곧 우리 아버지의 뜻을 따라" 된 일

1:1 사람들에게서 난 것도 아니요 사람으로 말미암은 것도 아니요 오직 예수 그리스도와 그를 죽은 자 가운데서 살리신 하나님 아버지로 말미암아 사도 된 바울은 2 함께 있는 모든 형제와 더불어 갈라디아 여러 교회들에게 3 우리 하나님 아버지와 주 예수 그리스도로부터 은혜와 평강이 있기를 원하노라

이다(4절). 우리가 건져 달라고 한 게 아니라 그분이 은혜로 이를 계획하셨다. 우리는 스스로 건짐이 필요한지조차 알지 못했다. 이는 스스로 결코 이룰 수 없는 일이었고, 그리스도께서 우리를 건지기 위해 은혜로 오셨다(6절). 그리스도의 사명의 동기 또는 기원으로, 하나님의 뜻 외에는 아무것도 언급되지 않는다. 우리는 건짐 받을 자격이 전혀 없었다. 구원은 순전히 은혜다.

그래서 '영광'은 '세세토록' 오직 하나님만의 몫이다(5절). 우리가 건짐에 기여했거나 스스로를 건졌다면 우리도 구원에 한몫했으니 자화자찬할 수 있다. 하나님 보시기에 우리가 건짐 받을 자격이나 그분의 계획에 쓸모가 있다든지, 하다못해 자체적 논리와 이해에 기초하여 우리 쪽에서 먼저 건져 달라고 부르짖기만 했더라도 말이다.

그러나 성경적 복음 – 바울의 복음 – 은 명확하다. 구원은 처음부터 끝까지 하나님이 하시는 일이다. 그분이 계획하여 부르시고 그분이 실행하여 이루신다. 그러므로 모든 영광은 마땅히 그분의 몫이다. 영원히 그러하다.

기독교의 이 핵심 진리는 우리를 겸허하게 한다. 본래 우리는 스스로 구주가 되기를 좋아한다. 우리 마음은 자신의 영

---

4 그리스도께서 하나님 곧 우리 아버지의 뜻을 따라 이 악한 세대에서 우리를 건지시려고 우리 죄를 대속하기 위하여 자기 몸을 주셨으니 5 영광이 그에게 세세토록 있을지어다 아멘

광을 좋아한다. 그래서 자력 구원의 메시지가 아주 솔깃하게 다가온다. 그중에는 종교적인 메시지도 있고("이런 계율을 지키면 영원한 복을 받는다") 세속적인 메시지도 있다("이대로만 하면 현세에 복을 받는다"). 그런데 복음은 이 모든 것을 뒤집는다. 복음은 이렇게 말한다. "너희는 지금 완전히 절망적인 상태라서 거기서 건짐을 받아야 하는데, 이 일에 너희가 할 일은 전혀 없다." 또 이렇게 말한다. "하나님이 예수님을 통해 너희를 건져 주시며, 그 결과는 너희 마음이 즐겨 좇는 모든 거짓 구원보다 훨씬 크다."

바울이 일깨우듯이 복음은 우리를 생각보다 낮추기도 하고 높이기도 한다. 이에 대한 영광은 당연히 "하나님 곧 우리 아버지께 세세토록 있을지어다, 아멘"(4-5절).

:: 그리스도 외에 무엇 하나라도 더한다면

성경이 말하는 은혜의 복음은 소중한 것이다. 그런데 바로 이 영광스러운 복음을 갈라디아교회 지도자들은 변질시켰고 갈라디아 교인들은 떠났다.

이게 중요한 이유는 하나뿐인 복음을 그렇게 고치면, 바울의 말대로 '다른 복음'은 없기 때문이다(7절). 왜 그러한가? 복음을 조금이라도 고치면 왜 무효가 되는가?

바울은 그 이유를 그리스도인들이 '그리스도의 은혜'로

부르심을 받았기 때문이라고 말한다(6절). 하나님이 우리를 부르셨지 우리가 그분을 부른 것이 아니다. 그분은 자격 없는 우리를 있는 그대로 받아 주셨다. 그게 복음의 순서다. 하나님이 우리를 받아 주셨기 때문에 우리는 그분을 따를 수 있다. 타종교들은 이 순서가 반대이다. 인간이 신에게 무엇인가 바친 후에야 신이 우리를 받아 준다. 그래서 7절에 바울이 말했듯이, 그리스도를 믿는 믿음에 모세의 의식법 준수를 더하는 모든 가르침은 복음을 변하게 한다. 바울이 선택한 단어를 직역하면 곧 '뒤집는다'라는 뜻이다.

그 말에는 뼈가 있다. 하나님께 받아들여지는 요건으로 그리스도 외에 무엇 하나라도 더한다면 – "그리스도의 은혜에 뭔가를 더해야만 구원받는다"고 말하기 시작한다면 – 이는 복음의 '순서'를 완전히 뒤집어 무효로 만드는 것이다. 조금이라도 수정하면 복음의 전말이 뒤바뀐다. 그래서 바울은 6절에 거짓 교사들이 '다른 복음'을 만들어 낸다고 말한 뒤, 뒤를 이어 7절에서 "다른 복음은 없나니"라고 토를 달았다. 이 말을 직역하면 "다른 복음인데 다른 [복음]이 아니다"가 된다.

명약관화한 사실이다. 다른 복음은 다른 복음이 아니라 아예 복음이 아니다. 털끝만큼이라도 고치면 복음이 완전히 상

---

6 그리스도의 은혜로 너희를 부르신 이를 이같이 속히 떠나 다른 복음을 따르는 것을 내가 이상하게 여기노라 7 다른 복음은 없나니 다만 어떤 사람들이 너희를 교란하여 그리스도의 복음을 변하게 하려 함이라

실되므로, 그 새 가르침은 '복음'이라 불릴 자격조차 없다. 16세기의 개혁가 마르틴 루터(Martin Luther)가 이를 잘 요약했다.

> "기독교의 의와 행위 사이에 중도란 없다. 행위를 통한 의 외에는 기독교의 의를 대신할 수 있는 것이 없다. 믿음의 근거를 그리스도께서 이루신 일에 두지 않는 사람은 자신의 행위에 둘 수밖에 없다." - 《갈라디아서 주해》

:: 복음의 변질은 지금도 계속된다

바울과 루터가 각기 당대에 복음의 변질에 맞서 싸웠듯이 이런 변질은 우리 시대에도 여전하다. 보다시피 바울은 다음 두 가지 사실에 기초하지 않은 모든 가르침을 정죄했다.

- 우리는 철저히 죄인이라서 구원에 기여할 수 없다(복음은 전적으로 하나님이 건져 주셔야만 한다).
- 구원받으려면 그리스도께서 이루신 일인 '그리스도의 은혜'를 믿을 뿐, 거기에 아무것도 더해서는 안 된다.

오늘날은 이 두 진리 중 하나 혹은 양쪽 모두를 부인하는 관점이 많이 있다. 그중 세 가지를 예로 들면 다음과 같다.

첫째, 일부 교회의 암시적 또는 명시적 가르침에 따르면 구원은 그리스도께 '순복하고' 거기에 바른 신념과 행동을 더해야만 가능하다. 이는 복음주의 교회의 전형적인 오류다. 사람들은 "그리스도께 삶을 드리라"는 권유를 받는다. '그분을 삶 속에 모시라'는 말이 덧붙기도 한다. 듣기에는 매우 성경적이지만 이는 '은혜 우선의 원리'를 배격하기 십상이다. 사람들은 구원받으려면 하나님을 굳게 믿고 신뢰하고 사랑하고 또 그분께 삶을 헌신해야 한다고 생각한다. 그래서 그리스도의 임재를 누리려면 먼저 고도의 영적 슬픔과 갈급함과 사랑부터 생성해야 한다고 느낀다. 게다가 어떻게든 그 상태를 유지해야 구원을 잃지 않는다.

요컨대 이런 교회는 사실상 우리 믿음의 수준 때문에 구원받는다는 개념을 가르친다. 그런데 복음은 믿음이 구원의 통로일 뿐이라고 말한다. 전자는 우리 자신의 행위를 구원의 이유로 삼지만, 후자의 구원을 곧 그리스도께서 이루신 일(은혜)이다. 우리를 구원하는 것은 믿음의 수준이 아니라 믿음의 대상이다.

둘째, 다른 일부 교회에서는 사랑하며 착하게 사는 한 믿음의 내용은 별로 중요하지 않다고 가르친다. 이는 '자유주의' 교회의 전형적 오류다. 이 입장에 따르면 착한 사람은 종교의 종류나 여부와 무관하게 누구나 하나님을 만나게 되어 있다. 이는 겉으로는 굉장히 대범해 보이지만 사실은 두 가지 방식으로 은혜를 용납하지 않는다.

먼저, 선행으로 충분히 하나님께 도달할 수 있다고 가르친다. 누구든 착한 사람이 하나님을 알 수 있다면, 예수님의 죽음은 필요하지 않았으며 그저 덕만 갖추면 됐을 것이다. 하지만 분명히 문제가 있다. 악한 사람에게는 희망이 없다는 뜻인데, 이는 '악한 자나 선한 자'나 모두 하나님의 잔치에 초대하는 복음(마 22:10)에는 어긋난다. 사람이 선행으로 구원받는다면 '선한 자'만 하나님의 잔치에 들어갈 수 있다. 포괄적이어야 할 복음을 배타적으로 변질시킨다.

더불어, 이 입장은 사람들에게 하나님이 그들의 관용과 개방을 기뻐하신다는 생각을 조장한다. 그들은 영생을 자력으로 얻으므로 은혜가 필요 없다. 따라서 '영광이 세세토록'(5절) 자신에게 돌아간다. 천국에 갈 만큼 충분히 착하게 행동했으니 말이다. 그러나 복음은 인간의 근본적인 죄를 지적한다. 자신의 악을 모르고는 하나님의 은혜를 아는 데서 오는 변화도 있을 수 없고, 천국에 단 한 사람이라도 가 있는 게 하나님께 얼마나 큰 영광이 되는지도 알 수 없다.

셋째는 복장이나 관습의 작은 차이조차 아예 용납하지 않는 교회에서 볼 수 있다. 차차 보겠지만 갈라디아의 거짓 교사들은 복장, 음식, 의식 준수 등과 관련하여 다수의 옛 규정과 계율을 강요하려 했다. 단속이 심한 교회나 신앙 공동체를 자연스럽게 연상시킨다. 그런 단체는 구성원을 아주 엄격히 통제하며 식생활, 옷차림, 연애, 시간 관리 등의 '바른' 방식을 지시한다. 많은 복잡한 의식을 꼼꼼히 지킬 것을 고집하기도 한다. 현대의 갈라디아교회에 해당하는 예로는 고도로 권위주의적인 교회, 고도로 의식(儀式)에 얽매인 교회, 고도로 율법주의적인 교회 등이 있다. 내 생각에 이런 교회는 여태 살펴본 세 가지의 예 중에서 가장 확연하며, 덜 위험하다. 첫째와 둘째 예가 훨씬 더 만연해 있으며 위험하다.

:: 우리의 복음은 참 복음인가

유일한 참 복음은 한없이 중요한데도 너무나 자주 쉽게 변질된다. 그래서 우리 안에 이런 걱정스러운 의문이 싹튼다. 우리가 믿는 복음이 정말 참인 줄 어떻게 확신할 수 있는가? 그냥 참이라고 느껴지거나 참이라고 들었거나 참이라고 생각되거나 참처럼 들리는 복음이 아니라, 객관적으로 참이며 따라서 정말 우리를 영원히 구원할 수 있는 복음인가? 그것을 어떻게 아는가?

바울은 모든 진리의 주장을 판단할 다림줄을 더없이 강경한 어조로 제시했다. 진리 주장이 외부(교사, 작가, 사상가, 설교자)에서 온 것이든 내면(느낌, 감각, 경험)에서 온 것이든 똑같이 적용되는 기준인데, 그 기준이란 바로 그가 (나머지 모든 협의의 사도들과 마찬가지로) 그리스도께 받아서 가르친 복음이다. 이 서신과 신약 전체에 그 복음이 제시되어 있다.

"우리[가]… 다른 복음을 전하면 저주를 받을지어다"(8절). 인간 교사, 기관 지도자, 심지어 교회 위계상의 성직자 등 모든 외부 권위를 바로 이 기준으로 판단하면 된다.

놀랍게도 바울은 '우리'라는 말 속에 자신도 포함시켰다. 만약 그가 "복음의 내용에 대한 내 생각이 바뀌었다"고 말했다면 자신도 배격되어야 한다는 뜻이다. 곧 보겠지만 그에게 복음은 논리와 묵상의 과정을 통해 오지 않았다. 그가 복음에 도달한 게 아니라 복음이 그에게 주어졌다. 따라서 바울은 논리와 묵상을 통해 복음을 변경할 재량이 없다. 갈라디아서 2장에 밝혔듯이 그의 복음은 다른 사람들을 통해 확증되었는데, 그들 또한 그 메시지를 부활하신 그리스도에게서 계시로 받았다. 그러므로 사도들 간의 이 일치점, 즉 본래 그리스도께서 '맡기신 복음'이야말로 안팎의 모든 진리 주장을 판단할 시금석이다.

이것은 매우 중요하다. 바울이 8절에 말했듯이 사도인 그의 권위조차도 복음의 권위에서 왔지 그 반대가 아니다. 그는 갈라디아 교인들에게 사도인 자신과 또 자신의 가르침을 성경적 복음을 기준으로 평가하고 판단하라고 했다. 교회가 성경을 판단하는 것이 아니라 성경이 교회를 판단한다. 교회가 성경의 기초요 창시자가 아니라, 성경이 교회의 기초요 창시자다. 교회와 교회 위계는 신자들의 평가를 받아야 하는데, 이때 모든 진리 주장을 판단하는 시금석 혹은 다림줄은 바로 성경적 복음이다.

　우리의 개인적 경험도 진리의 다림줄이 아니다. 우리의 감정이나 소신으로 성경을 판단하는 게 아니라 성경으로 우리의 경험을 판단해야 한다. 그러므로 만일 천사가 정말 군중 앞에 나타나 (오직 그리스도를 믿음으로만 아니라) 선행이나 다른 것으로 구원받는다고 가르친다면, 그 천사를 말 그대로 쫓아내야 한다(8절). "우리나 혹은 천사라도"라는 한마디 말 속에 바울은 그리스도인의 올바른 '인식론', 즉 무엇이 참인지를 아는 방식을 압축하여 담아냈다.

:: 영혼의 생사가 걸린 중대한 문제

　이번 장 서두에 보았듯이 바울의 어조는 조금도 타협의 여지가 없다. 이는 복음 자체가 타협을 불허하기 때문이다. 그 이유는 첫째, 다른 복음이란 곧 우리를 부르신 그분을 떠난다는 뜻이다(6절). 복음의 신학을 버리면 곧 그리스도를 버리는 것이다. 신학을 어떻게 하느냐가 결국 당신의 경험을 결정짓는다. 다시 말해서 교리에 대한 이해가 달라지면 결국 예수님이 누구인가에 대한 이해도 달라진다. 당신이 그분을 정말 아는지 의심스러워진다는 뜻이다.

　둘째, 다른 복음은 아예 복음이 아니다(6-7절). 본래 복음의 메시지가 조금이라도 고쳐지면 전체가 상실되고 만다. 마치 진공과 비슷하다. 공기를 약간 넣고는 90퍼센트 진공이니 '공기 농축 진공'이라고 말할 수 없다. 완전히 진공이거나 아예 진공이 아니거나 둘 중 하나다. 복음의 메시지도 마찬가지다. 우리는 그리스도께서 이루신 일을 통해 은혜로 구원받는다. 거기에 무엇도 더해지지 않는다. 뭔가를 더하는 순간 이미 복음을 다 잃은 것이다. 수정하는 순간 복음은 앞뒤가 전도된다.

셋째, 다른 복음은 정죄를 부른다(8-9절). 편지의 뒷부분에서 바울이 말하듯이 다른 복음은 저주를 부른다. 궁극적으로 이는 복음을 변경하면 곧 영원한 생사를 가지고 저울질하는 거라는 뜻이다. 그러나 아주 실제적인 의미도 포함되어 있다. 즉 다른 복음에는 이생을 사는 동안에도 두려움과 불안과 죄책감(정죄당하고 저주받는 기분)이 늘 뒤따른다. 뒤에서 또 보겠지만 그리스도인도 정죄당하는 기분이 들 때가 있다. 이는 그가 사실상 다른 복음을 믿고 있기 때문이다. 다른 방식으로 구원을 얻어 내려 하기 때문이다. "이 악한 세대"(4절)는 여전히 신자에게 영향을 미칠 수 있다.

이제 우리도 바울이 왜 이토록 강경하고 엄하게 말하는지 이해할 수 있다. 워낙 위험하고 중대한 문제이기 때문이다. 그리스도를 제대로 아는 일, 복음의 진리, 모든 영혼의 영원한

---

8 그러나 우리나 혹은 하늘로부터 온 천사라도 우리가 너희에게 전한 복음 외에 다른 복음을 전하면 저주를 받을지어다 9 우리가 전에 말하였거니와 내가 지금 다시 말하노니 만일 누구든지 너희가 받은 것 외에 다른 복음을 전하면 저주를 받을지어다

운명 등이 달려 있는 문제다. 그야말로 싸울 가치가 있고, 목소리를 높일 가치가 있고, 자신에게나 다른 사람들에게나 거듭 환기시킬 가치가 있다. 바울의 직설은 사랑의 발로였다. 그는 협의의 사도로서 주님과 복음과 주님의 백성을 사랑했다. 우리도 그처럼 사랑한다면 그가 왜 이렇게 썼는지 이해할 뿐 아니라 그런 그에게 고마워할 것이다.

::

Part 2

교회에 스며든
'변질된 복음'에
맞서라

GALATIANS
FOR YOU
TIMOTHY KELLER

02

●

오직 은혜로 구원받는다

갈 1:10-24

이제 내가
사람들에게 좋게 하랴
하나님께 좋게 하랴

교회는 종종 교인들에게 부탁하여 예배나 기도회에서 간증을 나누게 한다. 본문의 사도 바울도 간증을 나누고 있다.

갈라디아서 1장 10절부터 2장 21절까지는 이 서신의 자전적 단락으로 불린다. 바울이 자신의 회심과 처음 그리스도인이 되던 때의 경험을 들려주기 때문이다. 그에게 이는 드문일이 아니다. 사도행전 22장 2-21절과 26장 4-23절에도 그의 회심과 경험에 대한 고백이 나온다. 사도행전과 마찬가지로 여기서도 바울이 간증하는 목적은 막연히 감화를 끼치거나 자신을 드러내기 위해서가 아니다. 간증을 통해 그는 자신의 메시지를 공격하는 사람들의 주장을 반박한다. 그러면서 놀라운 은혜의 하나님께로 시선을 집중시킨다.

바울은 자신이 어떻게 예수님을 따르는 사람이 되었는지를 - 예수님이 그를 제자로 삼아 주셨다는 표현이 더 정확할 것이다 - 말하면서, 세 가지 공격으로부터 자신을 변호한다. '어떤 사람들'(7절)이 바울과 그의 복음 메시지에 공격을 가하고 있었다.

첫째, 바울은 자신이 묵상과 논리와 사고를 통해 복음 메시지에 도달했다는 개념을 논박한다. 본인의 말마따나 회심 전까지 그는 교회와 기독교를 '심히' 대적하여 '멸하'려 했다(13절). 숙고와 토의와 수정의 점진적 과정은 없었다. 바울의 기독교 메시지는 자신의 사고의 산물일 수 없었고, 오히려 여태 그가 지향하던 삶과는 정반대였다.

그리스도인이 되기 이전의 바울은 그리스도를 어찌나 격렬히 박해했던지, 기독교 순교자들의 신앙과 확신을 보고도 요지부동이었다(행 7:54-8:1). 그런 경험은 그의 회심이 직접 계시를 통해 이루어졌다는 확실한 증거다. 사도행전 9장 1-9절에 보듯이 부활하신 예수님이 친히 바울을 만나 주셨고 말씀하셨다. 바울은 환상을 보거나 꿈을 꾼 것이 아니었다. 그리스도께서 실제로 시공 속에 임하셨다. 바울의 일행들도 그분의 임재를 인식했다(행 9:7). 그렇게 바울은 이전의 사도들처럼 협의의 사도가 되었다(갈 1:17).

둘째, 바울은 자신의 복음 메시지가 다른 사람들 곧 예루살렘의 기독교 지도자들로부터 기인했다는 주장을 반박한다. "내가 곧 혈육과 의논하지 아니하고 또 나보다 먼저 사도된 자들을 만나려고 예루살렘으로 가지 아니하고"(16-17절). 바울은 회심한 뒤 3년이 지나서야 예루살렘에 처음 갔으며(18-19절), 그때도 그들에게 체계적인 교육을 받지 않았다.

바울이 예루살렘 사도들을 거듭 언급한 것으로 보아 '어떤 사람들'(7절)은 그가 복음 메시지를 '본부'에서 받았을 뿐이라고 주장했을 것이다. 그래서 그들의 이런 주장도 가능해진다. "우리도 예루살렘 본부에서 교육을 받았다. 분명히 바울은 너희에게 전체 내용을 다 말한 게 아니다. 하나님을 기쁘시게 하려면 너희가 꼭 해야 할 일이 더 있다."

셋째, 바울은 하나님께 받은 자신의 복음이 다른 사도들이 그분께 받은 메시지를 통해 확증되었다고 증언한다. 베드로(18절)와 야고보(19절)와 유대의 교회들(22절)은 하나님이 바울에게 행하신 일과 그에게 주신 메시지로 인해 '하나님께 영광'을 돌렸다(24절). 바울은 직분의 위임이나 메시지를 다른 사도들로부터 받지 않았으나, 그의 메시지는 다른 사도들이 부활하신 주께로부터 받은 메시지와 일치했다(눅 24:45-49).

요컨대 바울의 간증으로 다음과 같은 주장들은 힘을 잃는다. "그거야 바울의 생각이고 우리 생각도 똑같이 유효하다." "바울의 메시지는 무난하나 불충분하다." "그것은 그의 메시지일 뿐이지 예루살렘 교회의 가르침과는 다르다."

바울의 간증은 복음의 교사라는 그의 권위를 확증해 줄 뿐 아니라 은혜의 복음이 무엇인지에 대해서도 몇 가지 측면을 예증해 준다. '그 문제라면 이 책 1장에 이미 다루었다!'는 생각이 들 수도 있다. 그 말이 맞다. 하지만 이 서신의 구조와 내용을 보면, 은혜의 복음은 그리스도인의 삶 전체를 걸음마다 떠받친다. 그래서 바울은 계속적으로 은혜로 되돌아간다. 우리의 삶과 기도와 사고와 증언과 설교와 가르침도 마땅히 그래야 한다.

:: 율법에 대하여 누구보다 열심이었던 바울

바울은 나쁜 일을 많이 저지른 사람이었다. "하나님의 교회를 심히 박해하여 멸하"려 했다(13절). 예수님이 다메섹 도상에서 그를 만나 주실 즈음, 그는 이미 무죄한 사람을 많이 죽였다. 그때도 사람들을 더 체포하여 옥에 가두려고 가던 길이었다. 그의 마음은 증오로 가득찼다.

그러면서도 그는 수많은 종교 행위를 했다. 유대교의 관

---

10 이제 내가 사람들에게 좋게 하랴 하나님께 좋게 하랴 사람들에게 기쁨을 구하랴 내가 지금까지 사람들의 기쁨을 구하였다면 그리스도의 종이 아니니라 11 형제들아 내가 너희에게 알게 하노니 내가 전한 복음은 사람의 뜻을 따라 된 것이 아니니라 12 이는 내가 사람에게서 받은 것도 아니요 배운 것도 아니요 오직 예수 그리스도의 계시로 말미암은 것이라 13 내가 이전에 유대교에 있을 때에 행한 일을 너희가 들었거니와 하나님의 교회를 심히 박해하여 멸하고

습과 전통대로 살려고 오랜 세월 애썼다. 본인의 말마따나 그는 도덕적 의를 이루려는 열심에서(14절) 자기 세대 사람들을 거의 다 앞질렀다("여러 연갑자보다." 14절). 하지만 그러고도 하나님과의 관계는 바르지 못했다.

복음을 변하게 하려던 어떤 사람들(7절)의 가르침이 어떠한 성격인지 이 서신에 언급이 없다가, 여기서 그 첫 단서가 나온다. 나중에 보겠지만 그들은 이방인 그리스도인들에게 유대교로 완전히 개종하여 식생활과 복장과 할례(2:12, 3:5, 6:12) 등 모세 율법을 전부 지킬 것을 종용했다. 그런데 바울은 이렇게 말한다. "내가 이미 다 해 봐서 이 주제라면 훤히 안다! 도덕과 윤리와 문화 규정을 아무리 열심히 꼼꼼하게 지켜도 그래서는 결코 하나님께 받아들여질 수 없다."

회심 전에 바울은 종교 계율을 엄격히 지켰다. 본인도 그렇게 알았기에 자만심이 가득했다. 그럼에도 불구하고 그리스도는 그를 구원하셨을 뿐 아니라 참된 신앙의 전도자이자 지도자로 부르셨다. 그의 간증은 기독교의 심장 박동이라 할 수 있는 은혜의 복음을 생생히 증언해 준다.

은혜란 자격 없는 이에게 값없이 베푸시는 하나님의 호의로서, 우리 사고와 심령에 강력하게 역사하여 삶을 변화시

---

14 내가 내 동족 중 여러 연갑자보다 유대교를 지나치게 믿어 내 조상의 전통에 대하여 더욱 열심이 있었으나

킨다. 구원은 우리의 도덕적, 종교적 행위로 말미암지 않고 오직 은혜로만 주어진다. 누구보다도 명백한 사례가 바로 바울이다. 그의 죄가 매우 무거우나 주님은 그를 맞아들이셨다.

바울의 경험은 복음이 흔히들 생각하는 대로 단지 '종교'가 아니라는 생생한 증거다. 복음은 우리를 무종교로부터 불러내는 것 못지않게 또한 종교로부터 불러낸다.

복음의 은혜가 필요 없을 만큼 착한 사람도 없고, 복음의 은혜를 받을 수 없을 만큼 악한 사람도 없다. 바울은 아주 종교적이었으나 은혜가 필요했고, 치명적 흠이 있었으나 복음의 반경에 포함되었다. C. S. 루이스의 말처럼 "기독교는 하나님으로부터 났을 수밖에 없다. 그분 외에 누가 이런 걸 생각해 낼 수 있겠는가?"

:: 하나님이 행하신 일

바울이 되돌아보며 깨달았듯이, 하나님의 주권적 은혜는 그가 회심하기 오래 전부터 그의 삶 속에 역사하고 있었다. "내 어머니의 태로부터 나를 택정하시고"(15절)라는 구절은 하나님의 은혜가 평생 그를 빚고 준비시켜 왔다는 뜻이다. 나중에 그를 불러 맡기실 일을 위해서 말이다.

---

15 그러나 내 어머니의 태로부터 나를 택정하시고 그의 은혜로 나를 부르신 이가

정말 놀라운 일이다. 바울은 하나님께 대항하며 악을 일삼았건만(행 26:14 참조), 주님은 그의 모든 의도를 뒤엎고 모든 경험과 실패까지도 사용하시기 위해 그를 준비시키셨다. 그리하여 회심을 거쳐 그를 이방인의 전도자로 삼으셨다(16절). 구약에 대한 지식, 열심, 교육 배경, 하나님과 교회를 박해하던 노력(13절)—이 모두를 통해 주님은 그를 깨뜨리셨고 교회를 세울 도구로 무장시키셨다. 하나님이 처음부터 역사하신 결과로 바울은 자신이 박해하던 바로 그 신앙을 세우는 데 쓰임 받았다(23절).

이는 성경의 한 굵은 주제다. 창세기에 요셉이 말했듯이, 그의 형들은 하나님이 구원자로 택하신 그를 힘써 거부했지만 - 그를 죽이려다가 노예로 팔기까지 했다(창 37:5-8, 19-28) - 그것은 오히려 요셉을 구원자로 세우는 계기가 되었다(창 50:19-20). 또 사도들이 역설했듯이 예수님을 박해하려던 무리는 오히려 하나님의 목적을 진척시키는 도구가 되었다(행 2:23, 4:27-28). 하나님을 대적하는 모든 박해는 결국 그분의 계획을 확증하고 진척시켰다.

C. S. 루이스의 영적 자서전인 《예기치 못한 기쁨》 9장에 보면, 그의 학교 은사였던 커크패트릭에 대한 이야기가 나

---

16 그의 아들을 이방에 전하기 위하여 그를 내 속에 나타내시기를 기뻐하셨을 때에 내가 곧 혈육과 의논하지 아니하고

온다. '위대한 노크 선생님'이란 별명을 얻은 그는 논리에 능한 격렬한 논쟁자로, 루이스에게 논리를 전개하여 설득력 있게 논증하는 법을 가르쳤다. 무신론자였던 커크패트릭은 루이스의 불신을 확고히 하려 했다. 그러나 세월이 흘러 그리스도인이 된 루이스는 결국 '위대한 노크 선생님'이 잘 훈련시켜 준 덕분에 20세기의 가장 위대한 기독교 신앙 변증가 중 한 명이 되었다.

복음이라는 새로운 렌즈를 통해 우리는 자신의 삶을 돌아볼 수 있다. 실패와 죄를 통해서까지 우리를 준비시키고 빚으셔서 세상에서 은혜의 통로가 되게 하시는 하나님을 볼 수 있다.

그렇다면 이 모든 일은 왜 일어났는가? 하나님은 왜 교회를 박해하던 교만한 바울을 택하고 준비시켜 부르셨는가? 바울에게 하나님 마음에 드는 면이 조금이라도 있어서인가? 아니다. 순전히 하나님이 그렇게 하시기를 '기뻐하셨'기 때문이다(16절). 하나님이 바울에게 자비와 은혜를 베푸심은 그에게 그만한 자격이 있어서가 아니라 순전히 그분이 그 일을 즐거워하셨기 때문이다. 하나님은 늘 그렇게 일해 오셨다. 신명기 7장 7-8절에 모세는 하나님의 백성 이스라엘에게 이렇게 말했다. "여호와께서 너희를 기뻐하시고 너희를 택하심은 너희가 다른 민족보다 수효가 많기 때문이 아니니라. 너희는 오히려 모든 민족 중에 가장 적으니라. 여호와께서 다만 너희를 사랑하심으로 말미암아."

하나님은 우리를 쓸 만해서 사랑하시는 게 아니라 아무런 이유 없이 사랑하신다. 평생 안전한 사랑이란 이것뿐이다. 주님의 이 사랑만은 절대로 변하거나 사라지지 않는다. 이것이 바로 은혜다.

:: 하나님의 은혜 아래 살아가는 삶

은혜의 하나님은 바울과 같은 죄인들을 구원하신다. 부활하신 아들 예수님을 교만한 사람들과 악한 사람들 - 종교적인 부류와 신앙이 없는 부류 - 모두에게 계시하신다. 구원하시기 전부터 하나님은 자신의 사람들 속에 역사하시고 그들을 신앙으로 이끄셔서 하나님을 섬기도록 준비시키신다.

그러나 은혜가 하는 일은 거기서 끝이 아니다. 은혜는 바울 안에, 바울을 통해 계속 역사했다. 사도의 증언은 자신이 어떤 사람이었고 그런 자신을 하나님이 어떻게 회심시키셨는지에 머물지 않고, 하나님의 은혜 아래 살아가는 삶이 무엇인지로 넘어간다.

첫째, 하나님은 "그의 아들을 … 전하기 위하여 그를 내 속에 나타내시기를" 기뻐하셨다(16절). 바울의 말뜻을 당장 분명히 이해하기 쉽지 않다. 하나님이 예수님을 바울 '속에' 나타내셨다는 말이 무슨 뜻인가? 그가 두 경험을 하나로 묶었다고 보는 게 가장 좋은 해석이다. 한편으로 하나님은 다메섹 도상에서 분명히 그에게 예수님을 계시하셨다. 그때 바울은 예수님이 누구인지 깨달았다. 살아 계신 그리스도를 직접 만난 것이다. 그러나 또 한편으로(16절 후반에서 보듯이) 바울은 자신이 다른 사람들에게 예수님을 전하도록 부름을 받았음을 즉각 깨달았다. 따라서 하나님이 바울을 통해 그리스도를 계시하려고 바울에게 그리스도를 계시하셨다고 말할 수 있다.

여기서 단지 종교적이거나 도덕적인 사람과 그리스도인의 결정적인 차이점을 볼 수 있다. 그리스도인은 예수 그리스도를 머리로만 믿는 게 아니라 그분과의 인격적인 관계를 누리는 사람이다. 이 관계가 자신의 위안과 기쁨을 위해서만 주어진 게 아님도 안다. 자신의 됨됨이와 언행을 통해 다른 사람들에게 그리스도를 나타낼 책임이 있음을 그리스도인은 안다.

둘째, 바울이 지나온 성장과 제자도의 길이 소개된다. 그는 한동안 하나님과 단둘이 지냈다. 나중에 그가 가르친 많은 내용을 아라비아에 머물던 3년 동안(17-18절) 그분께 배웠을 것이다. 아라비아 시절을 고독 속에서만 보냈다고 생각해서는 안 되겠지만(그곳에도 번화한 도시들이 있었다), 공부와 묵상이 중요한 것만은 사실이다. 하나님을 인격적으로 더 알아 가는 일도

---

17 또 나보다 먼저 사도 된 자들을 만나려고 예루살렘으로 가지 아니하고 아라비아로 갔다가 다시 다메섹으로 돌아갔노라 18 그 후 삼 년 만에 내가 게바를 방문하려고 예루살렘에 올라가서 그와 함께 십오 일을 머무는 동안

중요하다. 우리가 살고 있는 이 시대는 활동과 성취만 너무 강조하고 성찰과 묵상은 뒷전이다. 아라비아의 언급은 신약에서 매우 독특한 일이다. 또 '즉시'(17절, 저자가 사용하는 NIV역에 '아라비아로' 앞에 그 단어가 있다-역자 주)를 너무 문자적으로 풀면 사도행전 9장 19-22절과 모순되어 보인다. 바울은 세례 받은 직후에 다메섹 회당에서 얼마 동안 말씀을 전했다. 여기서 바울의 요지는 자신이 장기간 묵상하며 준비하러 처음 간 곳이 예루살렘이 아니라 아라비아였다는 말이다.

하나님과 함께하는 고독의 시간이 그리스도인의 삶에 꼭 필요하지만, 그렇다고 그리스도인이 홀로 살아가는 것은 아니다. 바울이 예루살렘에 올라간 것은 지시를 받기 위해서가 아니라 책임과 연합을 위해서였다(18절). 심지어 바울도 다른 사도들과 연합을 이루고, 자신과 그들의 메시지가 일치함을 보여야 했다. 하물며 우리는 그 동일한 책임이 얼마나 더 크겠는가? 우리도 교회 공동체에 깊이 뿌리를 내려야 한다. 다른 신자들의 응집력 있는 공동체에 섞여 들지 않은 채 여기저기서 아쉬운 것만 취하는 행태를 삼가야 한다.

그리스도인의 삶이란 그리스도로 말미암아 하나님과의

---

19 주의 형제 야고보 외에 다른 사도들을 보지 못하였노라 20 보라 내가 너희에게 쓰는 것은 하나님 앞에서 거짓말이 아니로다 21 그 후에 내가 수리아와 길리기아 지방에 이르렀으나 22 그리스도 안에 있는 유대의 교회들이 나를 얼굴로는 알지 못하고 23 다만 우리를 박해하던 자가 전에 멸하려던 그 믿음을 지금 전한다 함을 듣고 24 나로 말미암아 하나님께 영광을 돌리니라

관계에 뿌리를 내리고, 다른 신자들과 연합하여 그들을 섬기는 삶이다. 그렇게 살 때 하나님이 찬송을 받으신다. 바울은 예루살렘의 그리스도인들이 "나로 말미암아 하나님께 영광을 돌리니라"고 했다(24절). 바울의 삶이 변화되어 타인을 섬긴 결과로 사람들은 그를 추앙한 게 아니라 하나님을 사랑했다.

:: 우리를 변화시키는 놀라운 은혜

바울의 간증이 실린 전체 단락은 10절의 이런 물음으로 시작된다. "이제 내가 사람들에게 좋게 하랴, 하나님께 좋게 하랴." 질문의 답은 뻔하다. 하나님이다!

복음은 사람의 비위를 맞추려는 심리를 몰아낸다. 사람에게 인정받으려는 욕구를 정반대의 심리로 대체한다. 그래서 자신의 행위에 대해 인간의 인정을 얻거나 구할 필요가 없어진다. 다시 말해서 복음이 낳는 사람들은 두려움 없이 당당하게 예수님을 따른다. 남의 인정과 호평에 연연하지 않고 옳은 길을 간다. 바울은 자신이 사람의 비위를 맞춘다면 '그리스도의 종'이 될 수 없다고 했다. 즉 그리스도인은 사람의 비위를 맞출 마음도 없고 그럴 수도 없다. 그만큼 이 문제가 중요하다는 말이다!

사람의 비위를 맞추는 죄는 성경에 여러 가지 표현과 문구로 언급된다. 이를 종합해 보면 이 문제를 다룬 분량이 놀랍도록 많다. 잠언 29장 25절은 "사람을 두려워하면 올무에 걸리게 되거니와"라고 했다. 사람을 두려워함은 '여호와를 경외함'의 반대다. 구약에서 여호와를 경외한다는 말은 단지 그분을 무서워한다는 뜻이 아니라 위대하신 그분께 잔뜩 매료되어 외경과 경이로 충만해진다는 뜻이다. 마찬가지로 사람을 두려워한다는 말도 사람(특정한 개인이든 집단이든)의 비중을 경외의 대상으로까지 끌어올리는 인간관을 가리킬 수밖에 없다. 사람의 칭찬을 탐하고 사람의 비난을 겁내는 것이다. 이는 사람의 축복을 바라다 못해 아예 추앙과 숭배의 지경에 이르는 상황이다. 우리의 심령을 지배할 권한과 능력은 하나님께만 있건만, 그 자리를 인간의 인정(認定)에 내어 주는 것이다. 그러니 그 인정을 잃으면 마치 하나님께 비난받거나 정죄당한 것처럼 참담해질 수밖에 없다.

사람을 두려워한다는 말은 사람의 축복을 바라다 못해 숭배한다는 뜻이다. 사람을 두려워하는 마음은 여러 모양으로 나타난다. 사무엘상 15장 24절에서 사울이 하나님께 불순종한 이유는 여론이 두려웠기 때문이었다. 삼손이 들릴라에게 무너진 이유는 그녀의 성적인 관심을 잃을까 봐 두려웠기 때문이었다(삿 16장).

바울이 언급한 아주 흔한 형태가 또 있다. 이른바 '눈가림'이다(엡 6:6-7, 골 3:22-23). 이는 일을 하되 윗사람의 인정이나 보상을 받을 정도로만 한다는 뜻이다. 그러면 들쭉날쭉 대충

건성으로 일하게 된다. 탁월한 작품이 나올 리 없고 창조의 기쁨도 없다. 일이 제대로 잘 안 될 게 뻔하다.

그렇다면 사람을 두려워하여 비위를 맞추려는 심리를 복음은 어떻게 몰아내야 하는가? 복음은 우리를 해방시켜 하나님께 좋게 하려는 의욕을 불러일으킨다(갈 1:10). 복음 안에서 그리스도를 신뢰하는 사람은 하나님의 온전한 은총과 충분한 인정을 받는다. 하나님은 신자를 보실 때 그 안의 예수님을 보신다(3:25-27). 그래서 우리에게 "내가 너를 기뻐하노라"(막 1:11)고 말씀하신다. 하나님은 우리를 기뻐하신다!

그분이 우리를 기뻐하시기에 우리의 삶으로 우주의 창조주를 기쁘게 할 수 있다. 바울이 기쁘게 하려 한 대상은 사람이 아니라 하나님이었다(갈 1:10). 그가 그리스도인들을 권하여 하나님께 희생적으로 순종하게 한 이유도 하나님이 기뻐하시는 삶이기 때문이었다(롬 12:1).

야구팀 감독의 사랑하는 아들이 그 팀의 선수라고 생각해 보라. 더그아웃에 앉아 지켜보는 아버지는 아들을 한없이 사랑한다. 아들이 아버지의 지시를 잊고 삼진아웃을 당해도 그를 향한 아버지의 사랑이나 인정은 조금도 달라지지 않는다. 아들은 자신의 성적과 무관하게 아버지의 사랑을 확신한다.

그러나 아들은 간절히 홈런을 치고 싶을 것이다. 자신을 위해서가 아니라 아버지를 위해서다. 아버지의 사랑을 얻어내기 위해서가 아니라 이미 사랑받고 있기 때문이다. 아버지의 사랑을 모른다면 아들의 노력은 자신을 위한 것이다. 사랑을 얻어 내기 위해서다. 그러나 아버지가 이미 자신을 사랑함을 알기에 아들의 노력은 아버지를 위한 것이다. 아버지를 기쁘게 하기 위해서다.

그리스도인은 하나님의 사랑과 인정을 확신한다. 하나님은 그리스도 안에서 우리를 기뻐하신다. 그래서 그리스도인은 간절히 하나님께 순종하기 원한다. 자신을 위해서가 아니라 하나님께 감사해서다. 하나님의 구원을 얻어 내기 위해서가 아니라 이미 자신을 구원해 주셨음을 알기 때문이다.

바울은 '그리스도의 종'으로 살아간다(갈 1:10). 하나님의 인정은 우리를 해방시켜 그분이 인정하실 만한 삶을 살게 한다. 복음은 강력한 확신이자 또한 철저히 순종하며 살게 하는 강력한 동인이다. 우리가 하나님의 방식대로 살아감은 그분의 자녀가 되기 위해서가 아니라 이미 그분의 자녀이기에 감사해서다.

:: 나를 변화시킨 복음이…

바울이 간증함은 습관 때문도 아니고, 막연히 감화를 끼치기 위해서도 아니고, 자신의 경험에 주목받는 게 즐거워서도 아니다. 다만 그 간증에 힘입어 청중이 예수 그리스도를 만나거나 그분을 떠나지 않으리라는 믿음 때문이다(6절). 그는 주목이나 박수를 받을 마음이 없다. 그의 초점은 온통 듣는 이들에게 있다. 그는 청중을 이용하여 자존심을 세우는 게 아니라 간증을 활용하여 친구들을 돕는다.

이 부분에서 바울은 우리의 좋은 모범이다. 그에게서 보듯이 우리도 용기를 내서 자신의 약점을 내보이며, 복음이 나에게 어떤 의미인지 말해야 한다. 왜 그러한가? 기독교는 머리부터 가슴까지 우리 삶 전체를 그리스도께 드리도록 호소하기 때문이다. 우리의 생각이나 감정을 빼 놓으면 그리스도인의 헌신이 얼마나 전인적인지를 다 보여 주지 못한다. 우리의 간증이 빠지면 그리스도인의 만족이 얼마나 온전한지도 다 보여 줄 수 없다.

그리스도는 사고에만 호소하는 게 아니라 마음도 채워 주신다. 성격과 문화에 따라 인지(머리의 이해)와 체험(가슴의 느낌) 중 강조점도 달라진다. 당신의 간증이 빠지면 감성을 더 중시하는 기질과 문화는 기독교의 매력을 보지 못할 것이다.

동시에 바울이 일깨우는 게 또 있다. 간증은 다른 사람들에게 도움이 될 때에만 해야 한다. 이상하게 들릴지 모르지만 간증 때문에 오히려 복음이 흐려지기가 아주 쉽다.

극적이거나 잔학하거나 성적인 내용을 세세히 강조한다면, "내가 얼마나 놀라운 사례인지 보라!"는 메시지만 보낼 수 있다. 바울이 사생활을 내보인 것은 오직 복음을 명확히 밝히기 위해서였다.

우리의 이야기를 나누는 것도 자신을 위해서가 아니라 사람들이 그리스도를 이해하고 만나도록 돕기 위해서다. 나를 변화시킨 놀라운 은혜의 복음을 가리켜 보이기 위해서다. 그 복음이 그들도 변화시킬 수 있음을 알기에 말이다.

복음을 통한 연합을 이루라

갈 2:1-10

헬라인 디도까지도
억지로 할례를
받게 하지 아니하였으니

우리는 본문을 큰 두려움과 감사의 마음으로 읽어야 한다. 본문은 우리를 예루살렘의 어느 회의 장면으로 데려간다. 21세기 그리스도인의 관심사와는 동떨어져 보일 수 있으나 사실 위험이 그보다 클 수는 없었다. 이 회의는 오늘의 우리 모두에게까지 막대한 영향을 미친다. 곧 보겠지만 그날 하나님은 우리 모두를 - 당신과 나를 - 보호하셨다.

:: 바울이 예루살렘에 간 이유

계속되는 자전적 기록을 통해 바울은 이제 예루살렘에 처음 갔던 때부터 '십사 년 후'로 우리를 데려간다. 그때 그는 선교 팀의 믿을 만한 두 사람인 바나바와 디도와 함께 "다시 … 올라갔"다(1절).

그는 왜 갔는가? 외적으로는 하나님의 '계시를 따라', 내적으로는 '두려워하여'(NIV, 개역개정의 "않게 하려 함이라"에 해당한다-역자 주) 갔다(2절). 여기서 우리는 잠시 멈추어야 한다. 사도행전과 서신서에서 만나는 바울은 여간해서 두려움을 느끼는 사람이 아니다. 그는 교회를 박해할 때도 담대했고, 복음을 전할 때는 더욱 담대했다. 그런 사람이 왜, 무엇을 두려워했단 말인가?

언뜻 보면 바울이 자신의 메시지나 방법이 틀렸을까 봐 우려했고, 그래서 예루살렘에 다시 가서 다른 사도들을 '사사로이' 만나 "내가 … 전파하는 복음을 [지도자]들에게 제시"한 것처럼 보일 수 있다(2절). 자신이 제대로 해 왔음을 확인하려고 말이다. 하지만 이는 몇 가지 이유에서 불가능하다.

첫째, 바울은 하나님의 '계시를 따라' 예루살렘에 갔다(2절). 알다시피 그는 하나님과 직접 교류하던 사도였다. 복음도 그는 눈앞에 보이는 부활하신 그리스도의 입에서 받았다(1:12). 하나님의 계시를 받는 사람이 남에게 확증을 받으러 간다는 것은 말이 안 된다.

2:1 십사 년 후에 내가 바나바와 함께 디도를 데리고 다시 예루살렘에 올라갔나니 2 계시를 따라 올라가 내가 이방 가운데서 전파하는 복음을 그들에게 제시하되 유력한 자들에게 사사로이 한 것은 내가 달음질하는 것이나 달음질한 것이 헛되지 않게 하려 함이라

둘째, 확신이 없었다면 왜 예루살렘에 다시 가기까지 14년이나 기다렸는가?

셋째, 1장 8절에 그는 심지어 바울 자신도("우리") 복음에 대해 생각이 바뀐다면 갈라디아 교인들에게 배격당해야 한다고 말했다.

아무것도 바울의 확신을 건드리지는 못했다. 다만 뭔가가 그의 열매를 위협하고 있었다. 만일 다른 사도들이 바울의 메시지를 확증하여 거짓 교사들을 물리치지 않는다면, 바울은 회심자들을 지키기가 매우 어려웠을 것이다. 거짓 교사들은 이들 새로 믿은 그리스도인들에게 말하기를, 바울이 전하는 복음은 불충분하며 예루살렘 지도자들이 전하는 본래의 사도적 복음만큼 온전하지 못하다고 했다. 그들은 바울이 자기만의 해괴한 메시지인 '값싼 믿음'을 가르친다고 우겼다.

바울은 자신의 메시지가 하나님의 계시였고 따라서 참임을 알았다. 그러나 위의 오류를 입증할 수 없다면, 교회들이 건전한 복음의 가르침 안에 설 수 없었을 것이다. 그래서 바울은 "내가 … 달음질한 것이 헛되"게 될 위험을 두려워했다(2절). 자신의 사역이 막혀 별로 열매가 없을까 봐 우려한 것이다.

그렇다고 바울이 예루살렘 사도들에게 참 복음이 없을까 봐 두려워서 그곳에 간 것은 아니다. 그는 예루살렘 사도들이 그 복음에 충실하지 않을까 봐 그게 두려웠다. 그들은 거짓 교사들에 당당히 맞서는 게 아니라 오히려 문화적 편견에 미혹

되어 그 교사들의 해로운 주장을 계속 방치할 수도 있었다.

:: 복음을 통한 교회의 참 연합

논쟁의 한편에는 이렇게 말하는 바울이 있다. "그리스도를 믿는 복음은 문화를 초월하여 만인을 위한 것이다." 그런데 반대편의 적들은 이렇게 주장한다. "유대인이 다 그리스도인은 아니지만, 그리스도인은 누구나 유대인처럼 되어야 한다."

바울에 반대되게 가르치던 무리를 만일 예루살렘 사도들이 편들거나 조금이라도 용납했다면, 교회는 둘로 갈라졌을 것이다. 어느 쪽도 상대를 온전히 수용하기는커녕 상대가 구원받았는지 의문을 품었을 것이다. 바울의 이방인 교회들은 유대인 교회들이 정말 그리스도를 믿는지 의심했을 것이고, 유대인 교회들은 이방인의 구원을 의심했을 것이다.

존 스토트(John Stott)는 이를 다음과 같이 표현했다.

"예루살렘의 지도자들이 이방인들의 회심을 승인해 준 것은 별개의 문제였다. 하지만 그들은 … 유대교에 포함되지 않은 채 메시아께 헌신하는 것을 승인해 줄 수 있을 것인가? 그들의 시야는 그리스도의 복음을 유대교 내에서의 개혁 운동이 아니라 전 세계를 위한 좋은 소식으로 볼 만큼, 그리고 그리스도의 교회를 … 하나님의 국제적 다른 사도들은 그동안 예루살렘에 남아 있었으므로, 이교에서 개종하는 이방인들에게 복음이 어떤 의미인지 깊이 생각해 본 적이 없었다. 이런 여러 문제에 실제로 부딪칠 일이 없었다. 이방인 그리스도인의 생활에 관한 한 그들로서는 복음에 함축된 의미를 놓치기가 쉬웠을 것이다. 그냥 이렇게 말하는 것이 자연스럽게 느껴졌을 것이다. "모든 그리스도인은 당연히 율법대로 또는 그에 준하는 정결한 음식을 먹어야 한다!"

하지만 이런 '작은' 오류를 범했더라면 그 여파는 엄청났을 것이다. "구원받으려면 그리스도를 믿는 내적 믿음에 외적 행위를 더해야 하는가?"라는 근본적인 문제에서, 기독교 내에 두 파가 서로 맞서 대적했을 것이다.

그래서 바울은 '그리스도 예수 안에서 우리가 가진 자유'(4절)가 위협받고 있으며, 따라서 '복음의 진리'(5절) 자체도 위기에 처해 있다고 말했다. 이 회의의 결과로 교회가 분리될 수도 있었다. 만일 그랬다면 당시는 교회가 생겨난 지 얼마 되

---

3 그러나 나와 함께 있는 헬라인 디도까지도 억지로 할례를 받게 하지 아니하였으니 4 이는 가만히 들어온 거짓 형제들 때문이라 그들이 가만히 들어온 것은 그리스도 예수 안에서 우리가 가진 자유를 엿보고 우리를 종으로 삼고자 함이로되 5 그들에게 우리가 한시도 복종하지 아니하였으니 이는 복음의 진리가 항상 너희 가운데 있게 하려 함이라

지 않은 때라서 사실상 서로 다른 두 종교가 출현했을 것이다. 그러니 바울이 두려워할 만도 했다. 위험이 그보다 클 수는 없었다.

:: 친교의 악수

바울이 '디도를 데리고' 갔다는 것은 매우 중요하다(1절). 디도는 '헬라인'이었으므로(3절) 할례 받지 않은 그리스도인의 화신이었다. 교회에 '가만히 들어온 거짓 형제들'(4절)은 디도가 구원받으려면 그리스도를 믿을 뿐 아니라 할례를 비롯한 유대교 의식대로 살아야 한다고 주장했을 것이다. 그래서 바울은 다른 사도들 앞에서 디도를 구체적인 시범 사례로 제시했다. 예루살렘 회의가 탁상공론이 되어서는 안 되었다. 그들은 디도에게 할례를 요구할 것인가 말 것인가? "그러나 나와 함께 있는 헬라인 디도까지도 억지로 할례를 받게 하지 아니하였으니"(3절).

하나님의 은혜로 예루살렘 사도들은 위기에 대처하되, 말만 번지르르하게 늘어놓지 않고 행동으로 보였다. 디도의 할례를 고집하지 않고 바로 그와 친교를 나누었다. "하나님은 사람을 외모로 취하지 아니하시나니"(6절). 외모는 행위와 관계

---

6 유력하다는 이들 중에 (본래 어떤 이들이든지 내게 상관이 없으며 하나님은 사람을 외모로 취하지 아니하시나니) 저 유력한 이들은 내게 의무를 더하여 준 것이 없고

되고, 내면은 존재에 해당한다. 기독교의 관건은 내가 그리스도를 위해 무엇을 하느냐가 아니라 내가 그분 안에서 누구이냐에 있다.

바울은 예루살렘 사도들이 자신의 메시지에 '의무를 더하여 준 것이 없다'고 말했다(6절). 오직 그리스도를 믿음으로만 구원을 받으며 그 외에는 아무런 행위나 의식도 필요 없다고 그들도 동의한 것이다. 디도를 받아들였다는 것은 그들이 복음에 함축된 기본 의미를 바울의 사역과 함께 받아들였다는 증거였다.

이는 우리가 기독교 신앙을 바로 이해하는 데 결정적 영향을 미친다. 본래 모세 율법의 무수한 정결 규정에는 여러 취지가 있었다. 그중 우리 힘으로는 거룩하신 하나님 앞에 온전히 받아들여지기가 아예 불가능함을 보여 주는 것도 있었다. 그런데 거짓 형제들은 정반대로 가르쳤다. 그런 규정을 엄격히 지키면 우리 스스로 정결해지며 하나님께 더 수용될 수 있다는 것이었다. 이 과오에 빠지기가 얼마나 쉬운지는 신약에 이 문제가 언급된 횟수만 보아도 알 수 있다.

> "이에 따라 드리는 예물과 제사는 섬기는 자를 그 양심상 온전하게 할 수 없나니 이런 것은 먹고 마시는 것과 여러 가지 씻는 것과 함께 육체의 예법일 뿐이며 개혁할 때까지 맡겨 둔 것이니라"(히 9:9-10, 참조 골 2:16).

오직 그리스도 안에서 우리는 "거룩하고 흠 없고 책망할 것이 없는 자"로 그 앞에 세워진다(골 1:22). 다시 말해서 이런 의식법은 폐기되거나 대체되지 않았다. 그리스도 안에서 성취되었다. 즉 그리스도께서 우리를 정결하게 하셨다(막 7:14-19, 요 13:2-11).

그러므로 유대인 신자들이 디도를 받아들인 일은 이 원리를 보여 주는 산 증거다. 사람은 무슨 행위나 의식을 통해서가 아니라 그리스도로 말미암아 영적으로 정결해지고 받아들여진다. 신약에서 그랬듯이 우리도 이 진리를 자신과 서로에게 자꾸 말해 주어야 한다. 이방인은 유대인의 관습이나 문화에 따르지 않고도 하나님 백성의 손색없는 일원이 될 수 있다. 디도를 받아들임으로써 복음에 함축된 의미가 빠짐없이 그대로 공식 천명되었다.

:: 우리가 가진 자유

4절에서 바울은 이 논쟁의 양측 특징을 명쾌하게 규정했다. 이방인 교회들에 침투한 거짓 형제들은 "우리를 종으로 삼아 그리스도 예수 안에서 우리가 가진 자유"를 누리지 못하게 하려 했다. 바울은 성경적 복음이 자유를 준다고 말했으나, 적들의 메시지는 사람을 예속된 삶으로 이끄는 '스스로의 노력으로 구원을 이루라'였다. 이는 이 서신 전체(특히 4:21-31)에 반복되는 주제다. 그렇다면 복음은 어떻게 자유를 가져다 주는가?

첫째, 복음은 문화적 자유를 낳는다. 도덕 종교는 회원들의 복장과 일상 행실에 아주 구체적인 계율과 규정을 강요하는 경향이 있다. 왜 그러한가? 계율을 지켜야 구원받는다면 계율이 아주 구체적이고 실행 가능하고 명확해야 한다. "네 이웃을 네 자신과 같이 사랑하라"는 계명은 불가능할 정도로 기준이 높은데다, 무한한 의미가 함축되어 있으므로 실격이다. 그보다는 "영화를 보지 말라. 술을 마시지 말라. 특정한 음식을 먹지 말라"가 제격이다.

그런데 이런 계율과 규정은 문화 생활이라는 일상 영역으로 파고든다. 만일 거짓 교사들의 뜻이 관철되었다면, 이탈리아인이나 아프리카인은 문화적으로 유대인처럼 되지 않고는 그리스도인이 될 수 없다. 그리스도인들은 도시마다 작은 문화적 격리 구역을 만들어야 할 것이다. 그러면 정신, 동기, 견해, 관점 등 내면의 차이보다 외면의 문화적 분리가 지나치게 강조된다. 문화적 적합성이 영적 덕목의 수준으로 격상되면, 그리스도인들은 '착하고 점잖은' 문화적 예속을 강조할 뿐아니라 편견과 불관용의 태도를 조장하게 된다.

둘째, 복음은 정서적 자유를 낳는다. 하나님과의 관계가 도덕적 행실을 유지하는 데 달려 있다고 믿는다면, 누구나 죄책감과 불안의 끝없는 쳇바퀴에서 헤어날 수 없다. 바울서신 전체에서 보듯이 그는 이방인 신자들에게 십계명의 도덕적 의무를 면제해 주지 않았다. 그들도 거짓말, 도둑질, 간음 등을 해서는 안 되었다.

그러나 그리스도인이 지켜야 할 도덕법은 구원의 길이 아니라 삶의 방식이다. 우리가 순종함은 구원을 위해서가 아니라 이미 그리스도 안에서 구원받았음을 알기 때문이다. 두렵고 불안해서가 아니라 안전하게 해방되었기 때문이다. 우리는 하나님 은혜에 감사해서 자유로이 순종한다.

거짓 교사들도 바울도 그리스도인들에게 십계명에 순종할 것을 명했으나, 이유와 동기는 전혀 달랐다. 하나님의 법에 순종하는 동기가 복음의 은혜에 감사해서가 아니라면 당신은 노예다. 복음은 문화적으로나 정서적으로나 자유를 가져다 주지만, '다른 복음'은 모든 것을 무너뜨린다.

:: 진정한 연합의 두 가지 표지

신약성경은 그리스도인의 연합을 거듭 강조한다. 교회가 갈라지고 교단이 분쟁하는 시대이다 보니 우리는 그 점을 놓치기가 아주 쉽다. 그렇다면 그리스도인의 진정한 연합이란 무엇인가?

첫째, 앞서 보았듯이 연합이란 '그리스도 예수 안에'(4절) 있는 사람이면 문화적, 인종적 배경과 무관하게 누구나 다 받아들인다는 뜻이다. 한동네에 살며 비슷한 차를 몰고 자녀를 같은 학교에 보내는 비신자보다, 몽골 평원에 살며 복음을 믿는 유목민이 미국 그리스도인과 훨씬 공통 분모가 많다. 그리스도인의 연합은 문화를 차별하지 않으며 문화적 유사성에 의존하지 않는다.

그러므로 디도에게 '억지로 할례를 받게 하지' 않았듯이(3절) 우리도 복음의 신앙에 뭔가 더하기를 고집해서는 안 된다. 어떤 교회는 그리스도를 믿고 세례까지 받아야만 구원받는다고 가르친다. 어떤 교회는 자신의 교회에 속해야만 구원받는다고 주장한다. 많은 분파의 기독교가 복음에 예정론 신봉, 금주(禁酒), 방언 등의 부칙을 더한다. 그래야 우리가 그리스도인임을 확신할 수 있다고 주장한다.

다시 말해서 많은 교회에 따르면, 구원은 오직 믿음으로 받지만 자신이 참 그리스도인임을 확신하려면 그런 부칙이 있어야만 한다. 요컨대 복음에 복장과 오락 등에 대한 문화 규정을 더한 뒤, 이런 기준을 어기는 사람은 결코 그리스도인일 수 없다고 우기는 교회와 기독교 단체가 많이 있다.

둘째, 연합이란 각기 다른 소명을 인정한다는 뜻이다. 사도들도 이를 서로 인정했다. "그들은 내가 무할례자에게 복음 전함을 맡은 것이 베드로가 할례자에게 맡음과 같은 것을 보았고"(7절).

베드로와 바울은 동일한 '복음'을 전했으나 방식이 서로 다름을 인정했다. 주어진 은사와 능력으로 복음을 전할 수 있는 대상 집단은 사람에 따라 다르다.

이는 복음의 본질을 수호하면서도 상대에게 맞출 수 있다는 뜻이다. 여기에 함축된 의미는 특히 선교에 있어 매우 중요하다. 복음의 메시지를 상대의 관심사에 전혀 맞추지 않거나 반대로 너무 맞추어 복음의 본질을 상실하면, 사람들을 설득하여 복음의 기쁨과 자유 속으로 불러들일 수 없다.

오늘날 자칫 복음을 수호하지 못할 흔한 방식은 무엇인가? 어떤 교회와 그리스도인은 복음을 현대 세계에 맞춘답시고 아예 '반감을 주는' 요소를 제거해 버렸다. 예컨대 그리스도를 통해서만 하나님께 갈 수 있다는 철칙이나 일체의 기적을 언급하지 않는다. 하지만 그러면 복음 자체가 사라진다. 이제 남은 길은 선행을 통한 자력 구원이기 때문이다. 이로써 복음은 수호되지 못한다.

그런가 하면 반대쪽 극단으로 치달아 전혀 상황에 맞추지 못할 수도 있다. 많은 교회와 그리스도인이 자신들만의 음악이나 조직이나 특수 용어에 너무 매몰된 나머지 외부인의

---

7 도리어 그들은 내가 무할례자에게 복음 전함을 맡은 것이 베드로가 할례자에게 맡음과 같은 것을 보았고 8 베드로에게 역사하사 그를 할례자의 사도로 삼으신 이가 또한 내게 역사하사 나를 이방인의 사도로 삼으셨느니라 9 또 기둥 같이 여기는 야고보와 게바와 요한도 내게 주신 은혜를 알므로 나와 바나바에게 친교의 악수를 하였으니 우리는 이방인에게로, 그들은 할례자에게로 가게 하려 함이라 10 다만 우리에게 가난한 자들을 기억하도록 부탁하였으니 이것은 나도 본래부터 힘써 행하여 왔노라

취향과 감성을 통합하려는 변화의 의지가 없다.

상황에 맞추는 정도가 너무 미진하거나 과하면 역설적이게도 복음을 잃어버린다. 일개 전통을 양도 불가의 수준으로 끌어올리면 율법주의가 생겨날 수밖에 없다. "진짜 그리스도인은 항상 이런 식으로 한다"는 말과 같다. 요컨대 (맞추지 않는) 보수주의와 율법주의도 (수호하지 않는) 자유주의 못지않게 복음을 위험에 빠뜨릴 수 있다. 사도들은 복음의 메시지와 거기에 내포된 삶의 방식을 단호히 수호했지만, 동시에 메시지의 매체를 상황에 맞출 준비가 되어 있었다.

:: 도전적인 제3의 표지

셋째, 뜻밖일 수 있지만 그리스도인의 연합이란 '가난한 자들을 기억'해야 한다는 뜻이다(10절). 베드로와 바울은 부름받은 선교 현장이 달랐지만, 둘 다 가난한 이들을 돌볼 의무가 있었다. 이를 강조한 예루살렘 사도들처럼 바울도 본래 이 일을 의욕적으로 힘써 행하던 사람이었다(10절). 그렇다면 가난한 이들을 기억하는 것이 그리스도인의 연합에 왜 중요한가?

일반적 이유와 특수한 이유, 두 가지가 있다. 우선 이번 예루살렘 회의의 정황에서 특수한 이유는 바울이 이방 지역에 개척한 교회들보다 유대인 교회들이 훨씬 가난했기 때문이다. 이에 대해 도널드 거스리(Donald Guthrie)는 다음과 같이 표현했다.

"유대 그리스도인들의 형편 … 그들의 빈곤이 이방 교회
들의 동정을 요구했다(롬 15:25-28, 고전 16:1-4, 고후 8-9장)."
- 《갈라디아서》

그래서 예루살렘 사도들은 이방인 교회와 유대인 교회에
당부하기를, 지역 회중 내에서 자원을 공유하듯이(행 4:32) 서로
간에도 긴밀하게 연결되어 자원을 나누어 사용해야 한다고 말
했다. 일반적 이유는 가난한 이들을 돌보는 일이 성경의 일관
된 가르침이기 때문이다. 그 내용을 (아주 간략하게) 요약하면 다
음과 같다.

예수님은 자신이 그리스도이심을 세례 요한에게 입증하
실 때, 선지자들이 예언한 대로(사 11:1-4, 61:1-2) 자신이 질병
을 고치시고 가난한 이들에게 복음을 전하심을 지적하셨다(마
11:1-6). 또 그분은 누구든지 자비로우신 하나님의 은혜를 참
으로 입은 사람은 빈민을 돕는 일에 열심을 낸다고 가르치셨
다(눅 6:35-36, 마 5:43-48에 암시되어 있다). 하나님은 우리에게 칭의
의 믿음이 있는지 여부를 판단하실 때, 우리가 빈민과 난민과
병자와 죄수를 섬겼는지를 보신다(마 25:44-46).

예수님이 이 일에 온전히 모범을 보이셨음은 물론이다.
성육신을 통해 그분은 가난한 이들 곁으로 '이주'하셨다(눅
2:24, 고후 8:9). 사회의 최하층 부류와 함께 살고 먹고 어울리셨
다. 그분은 이를 '긍휼'이라 칭하셨다(마 9:13). 성경은 우리에게

그런 그분을 닮을 것을 명한다(고후 8:8-15). 그리스도인은 가난한 이들이 존재하는 한 구제에 힘써야 하며(요일 3:16-17, 신 15:7-8), 교회 내에서도 재물을 빈부 간에 아낌없이 나누어야 한다(고후 8:13-15, 레 25장). 사도들도 선지자들과 똑같이 참 신앙은 긍휼의 행위로 나타날 수밖에 없다고 가르쳤다(약 2:1-23). 더불어 물질만능주의는 지금 시대에도 여전히 중대한 죄다(약 5:1-6, 딤전 6:17-19).

이는 모든 신자의 책임이기도 하지만, 이를 위해 교회에서 구제 사역을 담당할 직분 - 집사 - 까지 따로 세워졌다(행 6:1-7). 이로써 말씀 전파와 훈련 못지않게 구제도 교회의 필수 사역임을 알 수 있다(롬 15:23-29).

바울이 에베소 장로들에게 남긴 고별사를 보면 그는 평소에 그들에게 하나님의 뜻을 다 가르쳤다(행 20:27). 이 고별사 속에 약하고 가난한 이들에게 베풀라는 권면이 들어 있음은 매우 의미심장하다(35절). 바울은 빈민 구제를 하나님의 모든 뜻의 일부로 보았을 뿐 아니라, 중요하게 여겨 그 말로 권고를 마무리했다. 예루살렘 사도들이 갈라디아서 2장 10절에 바울에게 한 것처럼 말이다. 그리스도인들은 가난한 이들을 돌봄으로써 서로 연합해야 한다.

:: 넘지 말아야 할 선

오늘날 우리는 그리스도인의 연합을 경시하기 쉽다. 우리를 하나로 부르신 구주이자 주님께 초점을 두기보다, 복음을 믿는 동료 신자들과 우리를 갈라놓는 요소에 집중하기 쉽다. 그러나 그 반대의 오류도 똑같이 위험하다. 연합을 너무 중시하면 연합의 기독교적 성격이 희생된다.

보다시피 애초에 바울이 예루살렘에 간 것 자체가 교회에 "가만히 들어온 거짓 형제들" 때문이었다(4절). 이 회의가 소집된 이유는 순전히 바울이 다른 복음을 가르치는 사람들과 한 교회에 있을 마음이 없었기 때문이다. 사도들의 협력 관계는 복음의 진리를 공유했기에 가능했다. 바울 일행은 모두 예루살렘 지도자들로부터 '친교의 악수'를 받았다(9절). '친교의 악수'는 오늘날 못지않게 고대 세계에서도 우정과 협력과 합의의 신호였다. 예의상의 몸짓 이상이었다. 이 몸짓에는 거짓 교사들을 분리시키는 불신임의 효과가 있었다.

그들은 이제 더는 야고보와 베드로와 요한을 대변한다고 주장할 수 없었다(전에는 분명히 그랬다, 2:12). 예루살렘 사도들은 바울과 바나바와 할례 받지 않은 디도를 받아들임으로써 거짓 교사들을 밀어냈다. 복음을 통해 연합을 이루자 자연히 연합의 경계선이 그어졌고, '거짓 형제들'은 그 선 바깥에 있게 되었다.

그리스도와의 교제만으로도 서로 교제할 근거가 충분하

다. 하나님이 그분의 백성으로 받아들인 사람을 우리가 밀어내서는 안 된다. 그러나 동시에 그리스도와의 교제야말로 서로 교제할 유일한 근거가 된다. 교회는 연합을 유지하기 위해 복음을 희생해서는 안 된다.

인간의 마음은 자유와 공동체를 갈구한다. 그런데 '자력구원'의 신조에 기초한 세계관이나 종교는 그 두 갈망을 궁극적으로 채워 줄 수 없다. 오히려 사람들을 문화의 기준으로 갈라놓고 정서적으로 속박할 뿐이다. 오직 '그리스도 예수 안에서'만 우리는 하나님께 받아들여지는 자유를 누릴 수 있고, 국경이나 문화 차이를 뛰어넘는 연합을 누릴 수 있다. 바울의 복음에는 바로 이 연합과 자유가 있었다. 또한 그것을 사수하라고 하나님은 2천 년 전에 그에게 감화하여 예루살렘에 가게 하셨다. 바울은 분열과 속박에 복종하지 아니했다(5절). 우리도 그래서는 안 된다!

04

●

그리스도의 죽음을 헛되이 하지 말라

갈 2:11-21

●

만일 의롭게 되는 것이
율법으로 말미암으면
그리스도께서 헛되이 죽으셨느니라

바울의 예루살렘 방문을 통해 위대한 진리가 확립되었고 연합이 지켜졌다. 구원은 그리스도를 믿음으로 말미암으며 그 외에는 아무것도 필요하지 않다는 진리다.

이제 그의 초점은 베드로와 협력했던 이스라엘의 수도 예루살렘에서 베드로를 책망했던 이방 도시 안디옥으로 넘어간다. 두 경우 다 바울에게 무엇보다 중요한 것은 복음이었다. 그가 이 서신에서 처음으로 복음을 요약한 말이 본문에 나온다. 바로 '믿음으로써 의롭다 함'을 얻는다는 표현이다.

:: 식사 예법

11절은 예사롭지 않다. 두 사도가 만났는데 그중 하나가

회고하기를, "책망받을 일이 있기로 내가 그를 대면하여 책망" 했다고 말한다. 도대체 무슨 일이기에 두 사도가 그런 상황에 처했던 것일까?

바울의 간략한 설명을 보면 베드로의 식습관이 바뀐 게 문제였다. "전에 [베드로]가 이방인과 함께 먹다가 … 떠나 물러가매"(12절). 1세기의 유대인에게는 베드로가 이방인과 함께 먹기를 중단한 일보다 애초에 이방인과 함께 먹기를 시작한 일이 훨씬 더 충격적이었을 것이다.

구약에 '정결 율법'이 제정되어 있다. 예배자가 '의식상 정결'해져서 예배가 하나님 앞에 받아들여지려면, 그 복잡한 일련의 규정을 지켜야 했다. '부정한 음식'을 먹은 사람, 사체를 만진 사람, 병이 있거나 병자를 만진 사람 등은 하나님께 가까이 갈 수 없었다(레 11, 15, 20장 참조). 거룩하신 하나님은 죄인이 깨끗함을 받지 않고는 그분의 임재 안에 들어올 수 없음을 이 '의식법'을 통해 가르치셨다.

그런데 예수님이 친히 설명하셨듯이, 그분이 오심으로 의식법은 기한이 만료되었다(막 7:14-23). 그럼에도 하나님은 환상을 통해 베드로에게 의식법이 끝난 이유를 보여 주셔야만 했다. 그가 보니 구약에 먹지 말라고 한 짐승들이 큰 보자기

11 게바가 안디옥에 이르렀을 때에 책망받을 일이 있기로 내가 그를 대면하여 책망하였노라 12 야고보에게서 온 어떤 이들이 이르기 전에 게바가 이방인과 함께 먹다가 그들이 오매 그가 할례자들을 두려워하여 떠나 물러가매

안에 가득한데 다음과 같은 음성이 들려왔다.

> "잡아먹으라 … 하나님이 깨끗하게 하신 것을 네가 속되
> 다고 하지 말라"(행 11:7, 9).

그 직후에 베드로가 만난 고넬료라는 이방인은 회개하고 그리스도를 영접하여 거듭났다. 이에 베드로는 "하나님은 사람의 외모를 보지 아니하시고 각 나라 중 하나님을 경외하며 의를 행하는 사람은 다 받으시는 줄"을 깨달았다(행 10:34-35).

그때부터 베드로는 비판에도 아랑곳없이 이방인과 함께 먹었고(11:2), 얼마 후에는 이방인들이 "믿음으로 … 깨끗이" 되었다고 증언하기도 했다(15:7-9). 베드로가 이방인과 함께 먹기 시작한 것은 그리스도 안에서 아무도 '속되지' 않음을 하나님이 그에게 보여 주셨기 때문이다.

그래서 베드로가 이방인과 함께 먹지 않고 떠나 물러간 것은 '외식', 곧 위선의 죄였다(갈 2:13). 그의 확신이 바뀐 것은 아니다. 그는 음식과 복장에 대한 율법이 '유대인답게' 사는 관습일 뿐임을 알았고, 본인도 그대로 다 지키지는 않았다(14절). 그런데 이방인을 대하는 부분에서 자신의 확신에 걸맞은 행동

---

13 남은 유대인들도 그와 같이 외식하므로 바나바도 그들의 외식에 유혹되었느니라
14 그러므로 나는 그들이 복음의 진리를 따라 바르게 행하지 아니함을 보고 모든 자 앞에서 게바에게 이르되 네가 유대인으로서 이방인을 따르고 유대인답게 살지 아니하면서 어찌하여 억지로 이방인을 유대인답게 살게 하려느냐 하였노라

을 그만두어 버렸다. 이 위선이 전염되어, 할례 받지 않은 이방인 디도의 선교 동역자였던 "바나바도 … 유혹되었"다(13절).

왜 이런 위선이 생겨났는가? 베드로의 '두려움'때문이다(12절). '할례자들'의 비난이 두려웠을 것이다. 그리스도에 뭔가를 더해야만 구원받는다는 교사들을 바울은 할례자라는 말로 지칭했다.

아울러 민족적 우월감도 틀림없이 작용했을 것이다. 어려서부터 베드로와 모든 유대인에게는 이방인이 '부정하다'는 생각이 주입되었다. 계명을 지킨다는 미명하에 베드로와 유대인 그리스도인들은 민족적, 인종적 배경이 '열등한' 그리스도인들을 여전히 얕보았을 것이다. 결국 베드로는 복음을 통한 연합보다 문화 차이를 더 중시했다.

:: 바르게 행하라

바울이 보기에 동료 사도의 이 행동은 주로 무례하거나 교양 없거나 야박한 게 아니었다. 우리에게는 그렇게 보일지도 모르지만 말이다. 근본적으로 바울은 더 깊은 문제에 주목했다. 베드로는 "복음의 진리를 따라 바르게 행하지 아니"했다(14절).

직역하면 "복음과 함께 똑바로 걷지 않았다"는 말이다(접두사 오르쏘(ortho)는 똑바르다는 뜻으로, 예컨대 치열교정 의사 [올소다니스

트, orthodontist]는 치열을 고르게 하는 사람이다).

첫째, 바울의 말은 복음이 진리라는 뜻이다. 복음은 메시지요 일련의 주장이다. 복음에는 다음과 같은 사실이 포함된다. 우리는 연약한 죄인이며, 스스로 구주와 주가 되어 자신의 삶을 통제하려 한다. 그런 우리를 위해 그리스도께서 하나님의 법을 성취하셨다. 그로 인해 우리는 여전히 중한 죄와 허물에도 불구하고 온전히 받아들여진다.

둘째, 바울의 말은 문화적으로 이 복음의 진리가 삶 전체에 광범위한 영향을 미친다는 뜻이다. 우리는 삶 전체에서 복음의 취지 내지는 방향을 따라야 할 책임이 있다. 삶의 모든 영역에서 복음에 함축된 의미를 심사숙고하여, 우리의 사고와 감정과 행동을 거기에 맞추어야 한다.

복음의 '진리'는 세상의 통념과는 철저히 상반된다. 그런데 우리는 세상에 살다 보니 세상의 통념을 이미 많이 받아들였다. 그래서 그리스도인의 삶은 연속되는 재조정의 과정이다. 모든 것을 복음의 진리에 맞추어 나가는 과정이다.

:: 베드로의 과오

베드로의 죄는 기본적으로 민족주의라는 죄였다. 그는 그리스도인이 유대인처럼 되지 않고는 하나님을 정말 기쁘시게 할 수 없다고 고집했다. 그런데 민족주의는 율법주의의 한 형태일 뿐이다. 율법주의는 하나님 앞에 정결하게 받아들여지기 위해 예수 그리스도 외에도 다른 것을 의지한다. 율법주의는 언제나 심리적으로는 교만과 두려움을 사회적으로는 배타와 갈등을 낳는다.

오늘날에도 배타적인 사회 행동의 유사한 예가 많이 있다. 이는 믿음으로 의롭다 함을 얻음, 곧 이신칭의(以信稱義)를 바로 이해하거나 실천하지 못한 결과다. 그중 몇 가지만 살펴보면 다음과 같다.

첫째, 파벌 의식이다. 모든 기독교 단체나 교단에는 어쩔 수 없이 특유의 신념과 실천이 많이 있다. 이는 복음의 핵심과 관계된다기보다 행동 윤리나 교회 정책에 관한 특수한 소신에 더 가깝다. 그런데 자기 교회가 우월하거나 최고임을 스스로 입증하고 남에게도 내보이려고, 각자의 특별한 부분을 부각시키기가 아주 쉽다.

둘째, 계급이나 민족이나 인종을 차별하는 세상적 태도를 교회 안에 들여올 수 있다. 이전에 교회 밖에 살 때 자신이 멸시했던 계급이나 집단이나 성격 유형에 속하는 그리스도인을 우리는 누구나 알고 있다. 노동자계급 그리스도인은 부유층이나 사회적 배경이 '고상한' 그리스도인이 싫을 수 있다.

거꾸로도 마찬가지다. 정치 성향이 극과 극인 그리스도인들은 서로의 존재가 불쾌할 수 있다. 재능이 뛰어난 그리스도인은 평범해 보이는 사람도 교회에서 대등한 취급을 받는

게 못마땅할 수 있다. 사교성이 좋은 그리스도인은 관계에 서투르거나 겉도는 신자가 불편하게 느껴질 수 있다. 이와 반대인 경우도 마찬가지다.

문화의 강조점이 나와 다른 사람은 불편하게 느껴질 수 있다. 그래서 우리도 이 모든 상황에 베드로처럼 반응할 수 있다. 겉으로만 예의를 지키면서 말이다.

교회에서 우리는 '그 다른 사람들' 곁에 정중히 앉지만 '함께' 먹을 마음은 없다. 그들과 정말 친구가 되거나 교제하거나 삶과 가정과 재물을 나눌 마음도 없다. 그래서 형식적인 관계만 유지하고 교회의 공식 모임에서만 마주친다.

이 모두는 복음에 합당하지 못한 삶에서 비롯된다. 복음이 없으면 우리 마음은 내 단체를 다른 단체들과 비교해서 자존감을 억지로 만들어 내야 한다. 하지만 복음은 우리 모두가 그리스도 없이는 부정하고, 그분 안에서만 정결하다고 말한다.

셋째, 자신의 취향이 하나의 문화일 뿐인데도 이를 너무 중시하여 도덕적 의미를 부여할 수 있다. 이는 베드로의 죄에 빠지는 가장 은근한 방식이다. 예컨대 감정 표현이 풍부하고 현대 음악을 쓰는 교회의 그리스도인은 감정이 억제되고 고전 음악을 쓰는 교회를 향해 우월감을 느끼지 않기가 매우 어렵다. 우리는 자신이 다를 뿐임을 좀처럼 보지 못한 채, 자신의 방식과 관습이 영적으로 더 낫다고 믿는다. 이것이 그리스도인의 몸 된 교회에 온갖 분열을 야기한다.

바울은 베드로의 달라진 식습관의 배후 원리에 주목했다. 베드로에게 말할 때도 단지 행동을 바로잡으려 한 게 아니라 원리를 지적했다. 바울의 기본 논조는 이렇다. "하나님은 당신의 민족과 문화 때문에 당신과 교제하시는 게 아니다(15절). 당신이 선하고 경건하다마는 이는 당신의 민족과 문화와는 전혀 무관하다(16절). 그런데 어떻게 당신은 교제의 근거를 민족과 문화에 둘 수 있는가(14절)?"

민족주의가 죄이기는 하지만 바울은 단지 그렇게 말하지 않고, 베드로가 범한 과오의 영적 뿌리를 복음을 통해 보여 주었다. 그의 말처럼 민족주의의 뿌리는 구원의 복음에 저항하는 태도다.

다시 말해서 민족주의는 우리 삶의 한 부분에 남아 있는 '행위를 통한 의'다. 민족주의는 어떻게든 자신을 '더 낫거나 의롭게' 여기고 싶은 욕심에서 태동한다. 이는 자신이 은혜로 구원받았다는 사실을 망각한 처사이며 다른 문화와의 관계를 은혜로 인한 구원에 맞추지 못한 결과다.

당신이 다수 인종에 속해 있다면, 그 인종의 문화적 우월감은 금방 눈에 띈다. 반대로 압제당하기 일쑤인 소수 인종에 속해 있다면, '인종적 우월감을 통한 칭의'를 알아차리기가 좀 더 복잡하다. 하지만 당신이 이렇게 생각하는 순간 그 또한 표면에 떠오른다. "내가 지배 인종인 너희보다 낫다. 고생도 더

했고 너희처럼 압제자도 아니다."

바울의 접근 방식 덕분에 모든 게 달라졌다. 그는 무조건 "당신은 계율을 어겼다"고 말하지 않고(베드로가 계율을 어긴 게 사실인데도), "당신을 그리스도 안에 은혜로 받아들여 준 게 복음인데 당신은 그 복음을 망각했다"고 말했다. 바울은 죄의 행위보다 그 배후의 독선적 태도에 집중했다.

이것이 기독교적인 '책망'의 방법이다. 사람의 마음을 움직이려면 그가 그리스도 안에서 얼마나 사랑받고 부요한 존재인지를 보여 주어야 한다. 그러면 그 과정에서 상대의 존엄한 가치가 인정된다.

그러나 사람을 윽박질러 마음을 움직이려 하면 그 과정에서 당신은 상대를 별로 존중하지 않을 것이고, (당연히) 상대는 당신이 자기편으로 느껴지지 않을 것이다. 하나님의 은혜에 호소하면 우리가 따끔한 직언으로 책망해도 대개 상대는 그게 자기를 위한 말임을 충분히 인식한다. 그래서 바울도 본문의 상황에서 설득력을 얻을 수 있었다.

또 하나 염두에 두어야 할 게 있다. 베드로의 민족적 우월감 밑에는 두려움이 깔려 있었다("두려워하여." 12절). 두려움에서 비롯된 죄일 때는 상대를 사랑하고 힘을 더해 주어야 한다. 그래야 그가 두려움을 딛고 용기를 내서 옳은 길을 갈 수 있다. 베드로의 민족주의만 복음에 합당하지 못했던 게 아니라 그의 비겁함도 마찬가지였다. 보다시피 그는 하나님 보시기에 의롭다 함을 얻었다(15-16절).

그런데 왜 다른 누구에게 의롭게 보여야 한단 말인가? 만일 바울이 "당신의 문화적 우월감은 하나님의 계율에 어긋난다"라고만 말했다면, 베드로의 비겁함은 다루어지지 않은 채 묻혀 있다가 언제라도 다른 방식으로 튀어나왔을 것이다. 그런데 바울은 그가 이미 의롭게 되었음을 이렇게 상기시켰다. "베드로여, 당신은 이미 그리스도께 인정받았으므로 이 사람들에게 인정받을 필요가 없다."

우리는 서로를 복음에 근거하여 대하지 못할 때가 많다. 그리스도인은 남의 마음을 움직이려고 죄책감에 호소하는 경향이 있다. "당신이 정말 헌신된 그리스도인이라면 이렇게 할 것이다." 우리가 곧잘 하는 말이다. 이 말에는 나는 헌신되어 있으니 이제 남들만 나처럼 착실해지면 된다는 의미가 전제되어 있다. 교인들의 사역 의지를 짓밟는 교회가 그렇게 많은 이유가 거기에 있다.

바울이 우리라면 이렇게 말할 것이다. "하나님이 당신에게 부어 주신 은혜를 기억하라. 이 상황에서 그 복음을 실천하고 누리는 삶은 어떤 모습이겠는가?"

---

15 우리는 본래 유대인이요 이방 죄인이 아니로되 16 사람이 의롭게 되는 것은 율법의 행위로 말미암음이 아니요 오직 예수 그리스도를 믿음으로 말미암는 줄 알므로 우리도 그리스도 예수를 믿나니 이는 우리가 율법의 행위로써가 아니고 그리스도를 믿음으로써 의롭다 함을 얻으려 함이라 율법의 행위로써는 의롭다 함을 얻을 육체가 없느니라

바울이 '모든 자 앞에서'(14절) 베드로에게 한 말은 16절에서 절정에 이른다. "우리도 그리스도 예수를 믿나니 이는 우리가 율법의 행위로써가 아니고 그리스도를 믿음으로써 의롭다 함을 얻으려 함이라. 율법의 행위로써는 의롭다 함을 얻을 육체가 없느니라."

이신칭의는 기독교 신앙의 핵심이다. 복음에 대한 바울의 간략한 요약이기도 하다. 하지만 우리는 이신칭의가 무슨 뜻이며 우리 삶에 어떤 영향을 미치는지를, 자신이 (또한 남들도 다) 안다고 착각할 때가 많다. 다 안다고 착각해서는 안 된다고 말할 때조차도, 우리는 착각하지 말아야 할 내용을 분명히 설명하지 않을 때가 많다. 하지만 보다시피 베드로 같은 사도도 이신칭의의 의미를 더 배워야 했으니 우리도 아마 그럴 것이다.

먼저 이신칭의의 개념을 바울이 베드로를 책망한 일과 연결시켜야 한다. 본질적으로 이 논쟁의 관건은 정결함이었다. 유대인이 이방인과 함께 먹지 않은 이유는 이방인이 '부정했기' 때문이다. 누구나 하나님을 예배하려면 '정결해야' 했다.

베드로가 이방인과 함께 먹다가 물러나자 바울은 베드로가 이전에 계시로 배웠던 교훈을 상기시켰다(행 11:8-10, 15:8-9). 즉, 그리스도 안에서는 누구나 정결하다는 사실이다. 구약시대에는 예배에 참석하여 하나님 앞에 받아들여지려면 의식법을 지켜 그분 보시기에 정결해야 했다. 11-13절에 정결이란 단어가 나오지는 않지만 정결함이야말로 할례(12절)와 식생활과 모든 계율과 규정의 관건이었다.

바로 이 문맥에서 바울은 '의롭다 함'의 개념을 사용한다(15-16절). 의롭다 함이란 본질상 정결함과 동일하다. 의롭다 함을 얻으면 하나님과의 교제에 받아들여진다.

바울은 왜 용어를 바꾸었을까? 바울이 사용한 '의롭다 함'은 법률 용어이므로 그리스도 안의 구원을 다른 각도에서 보게 해 준다. '정결함'의 반대는 부정함이다.

하지만 정결함은 그리스도께서 우리에게 해 주신 일을 전달하기에 부족하다. 그 개념으로만 보자면, 그리스도께서 우리를 깨끗하게 하여 죄의 생각과 습관을 제해 주셨기 때문에 하나님이 우리를 받아 주신다는 의미가 풍겨난다. 이는 우리의 태도와 행동이 실제로 의롭게 됨으로써 하나님께 받아들여진다는 개념이다.

그러나 의롭게 됨의 반대는 정죄다. 의롭게 됨이란 우리가 실제 죄인임에도 불구하고 그리스도 안에 있으면 정죄당하지 않는다는 뜻이다. 하나님은 죄와 상관없이 우리를 받아 주신다. 우리는 의로워졌기 때문에 하나님께 받아들여지는 것이 아니라 하나님께 받아들여졌기 때문에 의로워졌다.

J. I. 패커(J. I. Packer)가 바울의 말뜻을 알기 쉽게 요약했다.

"성경에서 '의롭다 함'이란 … 재판석의 피고에게 … 이렇게 선고한다는 뜻이다. 즉 그는 아무런 형벌도 받을 책임이 없고, 오히려 준법자의 모든 특권을 누릴 권리가 있다. 의롭다 함이란 판사가 유죄와 정반대로 무죄와 법적 면책을 선고하는 행위다." -《꼭 알아야 할 기독교 핵심 용어》

:: 율법의 행위로써가 아니다

그리스도께서 이루신 일을 믿어서 의롭게 된다는 말은 우리의 행위로는 의롭게 되지 못한다는 뜻이다. 율법을 지켜서는 구원받을 수 없다(16절).

"내가 율법으로 말미암아 율법에 대하여 죽었나니"(19절)라는 바울의 말은 바로 그런 뜻이다. 이 말이 하나님의 율법을 아예 더는 지키지 않아도 된다는 뜻은 아니다. 바울서신 전체를 생각해 보라. 그는 그리스도인들에게 율법을 지켜야 한다고 말하지 않는가? 예컨대 고린도 교인들에게 그는 성적 부도덕이 악하다고 말하면서, 그 근거로 결혼에 대한 창세기의 말씀을 제시한다(고전 6:15-16).

바울의 그 말은 그가 구원의 길로서의 율법에 대해서 죽었다는 뜻이다. 그는 율법의 정죄에 대하여 죽었다. 우리는 율법이 아닌 그리스도로 말미암아 의롭다 함을 얻기에(갈 2:16) 율법은 우리를 정죄할 수 없다. 그래도 정죄당하는 기분이 들고 하나님이 더는 내 기도를 듣지 않으시거나 나를 돌보지 않으실까 봐 두렵다면, 이는 순전히 내가 율법에 대하여 죽었음을 망각한 탓이다. 율법이 나를 해칠 수 없음을 망각하면 그렇게 된다.

바울은 율법을 지켜 구원받으려는 노력에 대해 죽었다. 그런데 어떻게 그것이 "율법으로 말미암아" 이루어졌을까? 그는 도저히 율법을 지킬 수 없음을 율법을 지키기 위해 노력하다가 깨달았다. 그의 말은 이런 뜻이다. "나는 율법을 통하지 않고서는 죄가 무엇인지 몰랐을 것이다. 율법을 통하지 않고서는 내가 율법을 지킬 수 없다는 사실도 몰랐을 것이다."

그는 정말 율법을 듣다가 구주의 필요성에 눈떴다.

:: 하나님을 위한 삶

16절과 19절은 자세히 보면 뜻이 분명해지는데 17-18절은 그렇지 않고 사뭇 애매하다. 이런 말로 읽으면 가장 좋을 것이다. "믿음으로 의롭다 함을 얻은 사람이 죄를 짓는다면 이는 그리스도 안의 이신칭의가 죄를 조장하기 때문인가?

말도 안 된다! 그러나 그리스도를 믿는다는 사람이 변화되려는 노력도 없이 여전히 죄의 생활 방식을 고수한다면 -

---

17 만일 우리가 그리스도 안에서 의롭게 되려 하다가 죄인으로 드러나면 그리스도께서 죄를 짓게 하는 자냐 결코 그럴 수 없느니라 18 만일 내가 헐었던 것을 다시 세우면 내가 나를 범법한 자로 만드는 것이라

그리스도께서 죄의 형벌을 없애려고 죽으셨는데도 그 죄성을 고집한다면 - 이는 그가 복음을 제대로 깨닫지 못한 채 하나님께 불순종하며 살 구실을 찾을 뿐이라는 증거다."

바울은 이 두 구절에서 서로 다른 두 사람을 생각했을 것이다. 전자는 의롭다 함을 얻고 회개하는 죄인이고, 후자는 의롭다 함도 얻지 못하고 회개하지도 않는 반항자다.

19절은 믿음으로 정말 의롭다 함을 얻은 사람이 삶을 어떻게 보는가에 대한 바울의 간략한 해설이다. 바울은 율법에 대하여 죽었으므로 이제 '하나님에 대하여' 살 수 있었다. 믿기 전에 즉 율법을 지켜 스스로 구원하려던 때에는 그가 정말 하나님을 위해 살지 않았다는 뜻이다. 그는 아주 도덕적이고 선량했으나 결코 하나님을 위해서가 아니라 다 자신을 위해서였다.

자신이 받아들여진 줄 모르고 하나님께 순종하던 때에는 바울도 보상을 바라고 순종했다. 순전히 하나님을 사랑해서가 아니라 그분께 무엇인가를 얻기 위해서였다.

그러나 이제 받아들여졌고 의롭다 함을 받았으므로 순종의 동기가 훨씬 건전하고 강한 것으로 바뀌었다. "나를 사랑하사 나를 위하여 자기 자신을 버리신" 그분을 위해 살고 싶은 마음뿐이었다(20절).

---

19 내가 율법으로 말미암아 율법에 대하여 죽었나니 이는 하나님에 대하여 살려 함이라

이 주제는 갈라디아서 5장에 아주 자세히 나온다. 일단 여기서 바울이 우리에게 깨우치려는 바는 이것이다. 우리는 하나님께 받아들여졌기에, 행위로 의롭다 함을 얻으려 할 때와는 비교할 수 없을 정도로 순종의 동기가 새롭고 더 강해졌다.

그래서 19절을 이렇게 풀어쓸 수 있다. "율법을 통해서는 결코 하나님께 받아들여질 수 없음을 율법 자체가 내게 알려 주었다. 그래서 나는 율법을 위한 삶을 그만두었다. 내 구주로 여기던 율법에 대해 죽었다. 전에는 그냥 하나님께 뭔가 얻어 내려고 순종했다. 나 자신을 위해서였다. 이제는 순전히 그분을 기쁘시게 하려고 순종한다. 이제 나는 그분을 위해 산다."

삶을 뒤바꿔 놓는 의미가 담겨 있는 20절도 그렇게 보면 이해가 되고 이치에 맞는다. 바울은 "이제는 내가 사는 것이 아니요"라고 했다가 "이제 내가 … 사는 것은"이라 했는데, 이 두 문장은 분명히 서로 긴장 관계에 있다. 하지만 사실은 그 긴장 속에 그리스도인의 삶을 보는 올바른 시각이 들어 있다.

20절만 보면 의롭게 살아갈 능력을 그리스도께서 주시기만 바라며 우리는 그저 뒤로 물러나 있어야 한다는 말처럼 들리고, 21절만 보면 다 우리가 나서서 해야 한다는 말처럼 들린

---

20 내가 그리스도와 함께 십자가에 못 박혔나니 그런즉 이제는 내가 사는 것이 아니요 오직 내 안에 그리스도께서 사시는 것이라 이제 내가 육체 가운데 사는 것은 나를 사랑하사 나를 위하여 자기 자신을 버리신 하나님의 아들을 믿는 믿음 안에서 사는 것이라

다. 그러나 두 문장(헬라어로는 한 문장이다)을 종합하면, 그리스도 안에서 우리 정체를 기초하여 살아가야 함을 알 수 있다.

20절은 14절의 다른 표현이다. 즉 우리는 복음의 진리를 따라 살아야 한다! 이제 그리스도의 삶이 나의 삶이므로 그리스도의 과거도 나의 과거다. 나는 '그리스도 안에' 있다(17절). 마치 내가 이미 죽고, 심판받고, 직접 빚을 갚은 것처럼 하나님 앞에서 내게 정죄가 없다는 뜻이다. 그리스도께서 사신 삶을 내가 산 것처럼 나는 하나님께 사랑받는다. 그러므로 "이제는 내가 사는 것이 아니요 오직 … 그리스도께서 사시는 것이라"는 말씀은 비록 "우리가 … 죄인으로 드러나"도 그리스도 안에서 의롭다는 사실을 환기시키는 승리의 고백이다. 20절을 통해 바울의 말은 계속된다. "이제 나는 살아갈 때나 결정할 때나 일할 때나, 나를 지극히 사랑하신 그리스도를 믿음으로 말미암아 내가 어떤 존재가 되었는지를 기억한다!"

여기에 그리스도인의 삶의 내적 역동이 있다! 자신을 그리스도 안에서 온전히 사랑받는 거룩한 존재로 볼 때에만 나는 능력을 받아 기쁘게 회개하고 두려움을 극복할 수 있다. 나를 위해 다 이루신 그분께 순종할 수 있다.

---

21 내가 하나님의 은혜를 폐하지 아니하노니 만일 의롭게 되는 것이 율법으로 말미암으면 그리스도께서 헛되이 죽으셨느니라

바울이 여태 베드로에게 말하는 중임을 기억해 둘 만하다. 그는 베드로에게 다음 사실을 일깨우며 말을 맺는다. 그리스도인의 삶이란 평생 동안 삶 전반에 걸쳐 복음을 따르는 삶이다. 우리는 그리스도인으로 시작했듯이 그리스도인으로 지속해야 한다. 언제 어떻게든 "만일 의롭게 되는 것이 율법으로 말미암으면 그리스도께서 헛되이 죽으"신 것이다(21절).

그리스도께서 이루신 일은 당신에게 전부이거나 아무것도 아니거나 둘 중 하나다. 공로와 은혜를 혼합할 수는 없다. 어떻게든 율법으로 칭의를 얻는다면 그리스도의 죽음은 역사적으로도 무의미하고 당신 개인에게도 무의미하다.

당신 집에 불이 나서 온 가족이 대피했는데, 내가 "당신을 얼마나 사랑하는지 보여 주겠다!"며 집 안으로 뛰어든다고 상상해 보라. 필시 당신은 '목숨을 이렇게 비참하고 부질없게 낭비하다니'라는 생각이 들 것이다. 이번에는 불난 집에 당신의 자녀가 남아 있는 상황에서 내가 똑같이 말하고 화염 속에 뛰어들어 아이를 구한 뒤 숨졌다고 상상해 보라. 당신은 '이 사람이 이렇게까지 우리를 사랑했구나'라고 생각할 것이다.

우리 힘으로 구원할 수 있다면 그리스도의 죽음은 부질없고 무의미하다. 그러나 스스로 구원할 수 없음을 깨달으면 그리스도의 죽음은 우리에게 전부가 된다. 이제 우리는 그분

이 주신 삶을 다 바쳐 그분을 기쁘게 섬길 것이다. 삶 전체를
복음에 합당하게 살아갈 것이다.

Part 3

율법에 대하여
죽고
하나님에 대하여
살라

GALATIANS
FOR YOU
TIMOTHY KELLER

●

'더 나은' 복음을 위해 율법을 덧입지 말라

갈라디아서 3:1-14

●

어리석도다
갈라디아 사람들아
누가 너희를 꾀더냐

3장 1-5절에 놀라운 주장이 나온다. 그리스도인들이 많이 놓치지만 그들에게 절대적으로 필요한 내용이다.

바울이 2장 후반부에 말했듯이 구원받으려면 도덕적 노력이나 율법을 그만 의지하고(율법에 대하여 죽고) 그리스도께서 이루신 일을 신뢰해야 한다. 그러면 매사에 동기가 완전히 새로워진다(하나님을 위해 살게 된다). 복음은 하나님 나라에 들어가는 관문이다. 그런데 이제 바울은 복음이 훨씬 그 이상임을 보여 준다. 우리는 복음으로 구원받을 뿐 아니라 복음으로 성장한다. 바울은 시작만 믿음으로 하고 성장 과정은 행위로 한다고 말하지 않는다. 칭의만 아니라 성화(聖化)도 그리스도를 믿음으로 말미암는다. 우리는 평생 복음을 떠날 수 없다.

그게 바울이 3장 1-5절에 하는 말이자 나아가 3장과 4장 전체의 주제다. 3장 6-14절에서는 성경으로 이를 논증한다. 3장 15-25절에서는 법정 유언을 예로 들어 주제를 강조하면서, 복음에 기초한 삶에서 하나님의 율법이 차지하는 역할을 논한다. 3장 26-4장 20절에서는 입양의 비유로 하나님 집의 한식구가 되는 특권을 설명한다. 끝으로 4장 21-31절에서 다시 성경으로 돌아가 아브라함과 그의 두 아들을 살펴보면서, 두 장의 여러 가닥을 하나로 매듭을 짓는다.

:: 예수님이 십자가에서 이루신 일

1-3절에 바울은 갈라디아 그리스도인들이 이교에서 그리스도께로 돌아온 경위를 환기시킨다. 한마디로 "예수 그리스도께서 십자가에 못 박히신 것이 … 밝히 보"였다(1절). 밝히 보인 계기는 그들이 전해진 말씀을 듣고서였다(2, 5절). 여기 보았다는 말은 직설이 아니라 은유다.

"예수 그리스도께서 십자가에 못 박히신" 메시지가 전해졌다(고전 2:1-5). 보다시피 메시지의 핵심은 어떻게 살아야 하는가가 아니라 예수님이 십자가에서 우리를 위해 이루신 일이다. 복음은 삶의 지침이기 이전에 역사적 사건의 공표다. 복음

3:1 어리석도다 갈라디아 사람들아 예수 그리스도께서 십자가에 못 박히신 것이 너희 눈 앞에 밝히 보이거늘 누가 너희를 꾀더냐 2 내가 너희에게서 다만 이것을 알려 하노니 너희가 성령을 받은 것이 율법의 행위로냐 혹은 듣고 믿음으로냐 3 너희가 이같이 어리석으냐 성령으로 시작하였다가 이제는 육체로 마치겠느냐

은 우리의 할 바에 대한 지시이기 이전에 우리를 위해 시행된 일에 대한 선포다.

그런데 이 메시지가 심령을 사로잡았다는 말도 함께 나온다. 예수님이 '밝히' 보였다. '밝히'로 번역된 헬라어 단어에는 '그림 같이, 생생하게'라는 뜻이 있다. 전달 방식의 위력을 가리키는 말일 것이다. 이들에게 전해진 말씀은 강의처럼 무미건조한 게 아니라 예수님을 그림처럼 묘사했다. 그리스도께서 하신 일을 청중에게 감동적으로 보여 주었다. "이는 우리 복음이 너희에게 말로만 이른 것이 아니라 또한 능력과 성령과 큰 확신으로 된 것임이라"(살전 1:5).

그리스도인은 예수님에 대해 아는 사람이 아니라 십자가에 달리신 그분을 '본' 사람이다. 그분의 죽음 자체만이 아니라 그게 우리를 위한 죽음임을 볼 때, 우리 마음은 감화를 입는다. 그분이 우리를 위해 이루신 일의 의미를 깨닫는다. 그리스도께서 우리를 위해 이루신 일이 합리적으로 분명하게 전달되어 마음을 감화할 때, 구원이 이루어진다.

바로 갈라디아 교인들에게 있었던 일이다. 그들은 '듣고 믿었다'(갈 3:2). 2절과 3절은 대구를 이룬다. 바울은 반복법으로 요점을 강조했다. '믿음'과 '율법의 행위'를, 그리고 '성령으로 시작'함과 '육체로(인간의 노력으로) 마침'을 각각 대비했다. 복음을 믿는다는 말은 그리스도에 대한(예컨대 그분이 죽으시고 부활하셨다는) 주장에 단지 동의하는 게 아니라, 율법을 지켜 구원을 얻으려는 시도를 그만둔다는 뜻이다. 바울이 3절에 쓴 '마치겠느냐'라는 단어는 에피텔레오(epiteleo)로 '완성'을 뜻한다. 그는 지금 통상적 인생행로를 말하고 있다. 우리는 다 자아의 '완성'을 지향한다. 하나님과 자신과 남들에게 받아들여지려 한다. 그래서 자신의 노력을 믿고 도덕적, 직업적, 관계적 성취를 통해 그 목표를 이루려 한다. 그런데 바울은 복음을 '듣고' 믿으면 그런 방식을 남김없이 버린다고 말한다. 즉 우리는 '율법의 행위'(2절)와 '육체로 마치'려는 시도(3절)를 버린다.

그리스도인이 되기 전에는 우리도 온갖 방식의 개인적 노력을 믿어 자신을 완성하려 했다. 그러나 그리스도를 믿으면 혁명이 일어나, 자신을 완성하기 위해 믿는 대상이 완전히 바뀐다.

제임스 프록터(James Proctor)의 옛 찬송가에 그것이 잘 압축되어 있다.

사망의 행위
주 발아래 내려놓고
오직 주 안에
영광 중 온전히 서리.

갈라디아 교인들은 그림처럼 생생한 그리스도의 복음을 믿은 결과로 성령을 받았다(2절). 그리스도로 말미암아 오직 은혜로 받는 구원을 믿으면, 성령께서 우리 삶 속에 들어오신다. 바울이 말하는 중생(重生)은 복음을 믿는 일과 밀접하게 직결된다. 예수님은 우리가 성령으로 거듭난다고 말씀하셨고(요 3:5) 야고보(약 1:18)와 베드로(벧전 1:23)는 하나님의 말씀으로 새로 태어난다고 했다. 둘은 불가분으로 얽혀 있다. 성령님은 복음을 떠나서는 역사하지 않고, 복음은 성령의 능력이 나타나는 통로이자 방식이다.

:: 인간의 노력

그런데 그리스도인들의 삶이 뭔가 달라졌다. 십자가에 못 박히신 그리스도를 듣고 믿었던 그들, 성령을 받았던 그들이 어리석게도 꾀임에 넘어갔다(1절). 그래서 바울은 대충 넘어가지 않는다! 도대체 무엇이 문제인가?

3절에서 바울은 갈라디아 그리스도인들과 거짓 교사들을 준엄하게 질타한다. 그의 말마따나 한번 우리 삶 속에 들어오신 성령님은 계속 우리 삶을 주관하셔야 한다. 그는 강경하게 두 번이나 그렇게 말한다. "너희가 이같이 어리석으냐. 성령으로 시작하였다가 이제는 육체로 마치겠느냐"(3절). NIV에는 '인간의 노력'으로 의역되어 있으나 헬라어 단어 사르키(sarki)의 문자적 의미는 '육체'다. "이제는 육체로 목표를 이루겠느냐." 이 단어가 2절의 '율법의 행위'와 대구를 이루므로, NIV

번역진은 '육체로'의 의미를 복음을 기억하거나 믿지 않고 자신을 믿어 완성을 이루려는 '노력'이라 보았다. 내가 섬기는 교회의 행정 목사였던 딕 카우프먼(Dick Kaufmann)은 이렇게 말했다.

> "그리스도인들은 생각하기를 구원은 복음으로 받지만 성장하려면 성경 원리들을 삶 전반에 적용해야 한다고 여긴다. 하지만 사실 우리는 복음으로 구원받을 뿐 아니라 복음을 삶 전반에 적용하여 성장한다."

5절로 가면 바울의 어조가 한층 더 강경해진다. 시제를 현재로 바꾸어, 지금 성령님께서 역사하여 '능력' 즉 기적까지도 행하심은 그들이 더는 '율법의 행위'에 의지하지 않고 '듣고 믿음'('믿었음'이 아니라) 때문이라 했다. 그리스도인이 자신의 행위에 의지하지 않고 계속 의식적으로 그리스도께만 의지하여 받아들여지고 완성되어 갈 때, 그때 성령님이 역사하신다. 바울은 성령님과 복음을 떼려야 뗄 수 없게 연결시킨다. 우리가 복음을 삶 속에서 적용하며 실천하려 할 때 성령님도 역사하신다.

갈라디아서를 더 살펴보겠지만 우리가 순종하지 못하고 그리스도의 성품을 닮지 못함은 단지 의지력이 부족해서가 아니다. 따라서 더 열심히 해서는 이런 실패를 해결할 수 없다. 더 열심히 하겠다는 결심은 어차피 자력으로 율법을 지키겠다는 결심에 불과하다. 그보다 우리가 깨달아야 할 게 있다. 모든 불순종의 뿌리는 행위를 통한 의로 자신의 삶을 통제하려는 우리의 고질적 습성에 있다.

그리스도인답게 성장하려면 처음 그리스도인이 될 때와 똑같이, 계속 회개하며 그런 습성을 뿌리 뽑아야 한다. 즉 우리를 위해 그리스도께서 이루신 구원의 일을 '밝히' 보고(자꾸 되새기고), 자신을 믿어 자아를 완성하려는 노력을 버려야 한다. 십자가에 못 박히신 그분의 복음으로 번번이 되돌아가야 한다. 그래야 새로운 실체 – 그분이 이루신 일과 그분 안에서 받은 우리의 정체 – 에 우리 마음이 더 깊이 사로잡힐 수 있다.

그러므로 단지 이렇게 기도해서는 안 된다. "주님, 제게 분노(원망)의 문제가 있습니다. 주님의 능력으로 제하여 주소서! 용서할 수 있는 능력을 제게 주소서."

사실은 그럴 때마다 자신에게 복음을 적용해야 한다. 바울이라면 걷잡을 수 없는 분노(원망)는 우리 삶이 복음에 합당하지 못한 결과라고 말할 것이다. 즉 처음에는 예수님을 구주로 받아들였으나 이제 그분 대신 다른 무엇이 사실상 우리의 구주가 되었다는 뜻이다. 그리스도를 소망과 선(善)으로 믿어야 할 우리가 이제 다른 데서 소망을 찾고 있다. 성취감과 만족감을 다른 방식으로 얻으려 하고 있다.

분노를 그냥 하나님이 없애 주시기를 바라거나 무조건적으로 의지를 통해 물리치려 할 게 아니라 이렇게 물어야 한다. "내게 분노와 용서하지 않는 마음이 있다면, 무엇이 그렇게 만든 것인가? 성취감과 소망을 얻고 가치 있는 존재가 되려면 꼭 있어야만 되겠는데 지금 내가 박탈당하고 있는 것, 그것은 무엇인가?" 대개 깊은 분노는 이런 문제 때문에 생겨난다. 내가 무엇보다도 안락을 원한다면, 내 삶을 힘들게 하는 사람에게 화가 날 수 있다. 내가 타인의 인정을 숭배한다면, 인기와 존중을 얻으려는 내 노력을 어떤 식으로든 꺾어 놓는 사람에게 분노할 수 있다.

안락과 인정과 통제가 사실상의 구주이고 그것이 막히면 우리는 분개한다. 분노를 더 열심히 직접 통제하려고만 하는 것은 해답이 아니다. 스스로 의롭게 여기는 태도와 그리스도께서 다 이루신 일을 기뻐하지 않는 태도를 회개해야 한다. 그것이 바로 분노의 뿌리기 때문이다. 우리 심령이 십자가에 못 박히신 그리스도를 '보면' 성령님께서 우리 안에 역사하여 사

실상의 구주를 참 구주로 바꾸어 주신다. 그리하여 분노의 뿌리가 시들어진다.

:: 아브라함의 의

이제 바울은 우리에게 아브라함을 소개한다(6절). 5절과 잘 연결되지 않는 것 같지만 사실은 묘수다. 알다시피 바울은 지금 유대주의자 교사들의 주장에 맞서고 있다. 그들은 "너희가 그리스도를 믿으니 좋은 일이다만 하나님께 계속 받아들여지려면 너희도 유대인처럼 살아야 한다"고 말한다. 그런데 유대인의 시조는 아브라함이다. 이스라엘 민족이 시작된 시점은 하나님이 이스라엘의 조상 아브라함에게, 그의 후손이 큰 민족을 이루어 하나님의 복을 받고 그분이 주신 땅에 살리라고 약속하시던 그때였다(창 12:1-3).

그 아브라함을 바울은 논고의 증인으로 소환한다. 이방인 그리스도인들에게 그는 "아브라함을 생각해 보라. 유대주의자 교사들이 정말 너희를 꾀었음을(갈 3:1) 이 유대인의 조상을 보면 알 수 있다"고 말한다. 왜 그런가? "아브라함이 하나님을 믿으매 그것을 그에게 의로 정하셨"기 때문이다(6절). 아브라함의 가장 중요한 점은 그가 '믿음이 있는' 사람이라는 사실이다(9절). 바울의 말은 "유대 민족의 시조이자 창시자인 그도

---

6 아브라함이 하나님을 믿으매 그것을 그에게 의로 정하셨다 함과 같으니라

내 말에 동의할 것이다"라는 뜻이다.

6절에 바울은 창세기 15장 6절을 인용했다(아브라함이 아직 '아브람'으로 불리던 때였다). 바울이 쓴 헬라어 단어 엘로기스 쎄(elogisthe)은 말한다는 뜻의 로고스(logos)에서 파생되었다. 대개 회계 용어로 돈이 수령되어 특정 용도의 대금으로 정산된다는 의미로 쓰였고, 여기서는 '선언되다, 여겨지다'라는 뜻이다. '간주되다'라는 단어도 대체로 같은 뜻이다. 즉 이전에 없던 지위가 어떤 대상에게 전가된다. '임대 후 구입' 조건으로 집을 빌릴 경우, 나중에 원하면 그간의 임대료로 그 집을 구입할 수 있다. 구입하기로 결정하는 순간 여태 지불한 임대료가 융자 상환금으로 간주된다. 그 돈에 새로운 지위가 전가된다.

그렇다면 아브라함의 믿음을 "그에게 의로 정하셨다"는 말은 무슨 뜻인가? 물론 하나님의 말씀과 약속을 믿으면 그 결과로 의로워진다! 하나님의 존재를 믿고 또 우리가 그분께 순종하고 예배함이 마땅하다고 믿는다면, 거기서 의로운 삶이 흘러나온다.

그러나 본문의 의미는 그 이상이다. 믿음이 의로 여겨졌다는 말은 직관에 반하는 특이한 개념이다. 하나님이 아브라함의 믿음을 의로 정하셨다는 성경 말씀은 그분이 그를 대하실 때 마치 그가 의롭게 살고 있는 것처럼 대하셨다는 뜻이다.

많은 주석가가 창세기 15장 6절에 함축된 놀라운 의미를 배격하며, 아브라함의 믿음 자체가 하나님을 기쁘시게 하는 의의 한 형태라고 주장했다. 그의 믿음이 순종의 행위이자 일종의 의라서 하나님의 은총을 받기에 합당했다는 것이다. 그러나 본문에는 그의 믿음이 곧 의라고 하지 않고 의로(마치 의인 냥) 여겨졌다고 되어 있다.

더글라스 무(Douglas Moo)는 다음과 같이 말했다.

> "창세기 15장 6절과 똑같은 문법 구조가 쓰인 다른 구절들을 비교해 보면 이런 결론이 나온다 … 아브라함의 믿음을 의로 여기셨다는 말은 '본래 그의 것이 아닌 의를 그에게 전가하셨다'는 뜻이다." - 《NICNT 로마서》

하나님은 '의'로 정하심으로써 우리에게 법적 지위를 부여하신다. 사실은 마음과 행동이 여전히 불의한데도 정말 의로워서 정죄당하지 않을 사람처럼 대하신다. 이렇게 우리는 '의롭다 함'을 얻는다.

이는 모든 전통 종교에 어긋난다. 일반 종교에 따르면 우리는 의로운 삶으로 신을 기쁘게 하여 신에게 받아들여지거나 아니면 불의한 삶으로 신으로부터 멀어지거나 둘 중 하나다. 하지만 바울(과 아브라함)이 보여 주듯이, 부족한 죄인인 상태로도 하나님의 사랑과 수용을 받는 게 가능하다. 마르틴 루터의 유명한 말마따나 그리스도인은 의인인 동시에 죄인이다.

로마서에도 바울은 하나님이 "경건하지 아니한 자를 의

롭다 하신다"고 똑같이 말했다(롬 4:5, 그 장에도 갈라디아서 3장처럼 아브라함이 입증 사례로 제시된다). 의를 전가 받는(즉 의롭다 함을 얻는) 그 시점에 우리는 아직 죄인이다! 의로운 지위가 주어짐은 우리 마음이 특정한 수준의 복종과 예배에 도달했기 때문이 아니다. 삶을 깨끗이 정리해야 의가 전가되는 게 아니다. 거꾸로 우리는 아직 죄인일 때 칭의를 받는다.

:: 아브라함의 믿음처럼

그래서 바울은 "믿음으로 말미암은 자들은 아브라함의 자손"이라고 말한다(7절). 중요한 것은 아브라함의 육적 자손(유대인)이 아니라 영적 자손(동일한 믿음)이다. "믿음으로 말미암은 자는 … 아브라함과 함께 복을 받느니라"(9절). 아브라함처럼 믿음으로 말미암는다는 말은 무슨 뜻인가?

첫째, 그에게서 보듯이 구원의 믿음은 복음의 약속을 믿는다. "아브라함이 하나님을 믿으매 그것을 그에게 의로 정하셨다"(6절). 보다시피 아브라함이 신의 존재를 믿었다고 하지 않았다(당연히 그것도 포함되지만 말이다). 신의 존재를 믿는 것은 구원의 믿음이 아니다(야고보서 2장 19절에 그거라면 '귀신들도 믿는다'고 했다). 그보다 그는 하나님이 실제로 하신 말씀 즉 구원하시겠다는 약속을 믿고 신뢰해야 했다.

신의 존재를 믿지 않고는 하나님을 믿을 수 없지만, 하나님을 믿지 않고도 신의 존재를 믿을 수는 있다! 구원의 믿음은 막연히 신의 존재를 믿는 일반적 믿음과는 다르다. 성경의 교리와 가르침 전반을 믿는 것과도 다르다.

둘째, 아브라함에게서 보듯이 구원의 믿음은 우리의 행위가 아니라 하나님의 공급을 믿는다. 그는 무자했고(창 15:2) 아내도 불임 상태였다. 그가 자식을 낳을 수 없는데도 하나님은 그의 후손이 별처럼 많으리라고 약속하셨다(5-6절). 장차 하나님이 역사 속에 친히 오셔서 인간의 능력에 조금도 의지하지 않고 놀라운 일을 행하실 것이다. 약속된 상속자는 전혀 아브라함에게 달려 있지 않고 전적으로 하나님께 달려 있었다. 그는 그 일을 행하실 하나님을 믿어야 했다. 그리고 창세기 15장에 보듯이 정말 믿었다.

:: 두 종류의 사람

아브라함은 믿음이 있는 사람이었다(갈 3:9). 그러나 다른 삶의 길도 있다. 우리는 '율법 행위에 속할' 수도 있는데(10절), 이런 사람은 "그[율법] 가운데서 살"게 된다(12절). 무엇 가운데서 즉 '무엇으로 산다'는 말은 행복과 만족을 거기에 의존한다

---

7 그런즉 믿음으로 말미암은 자들은 아브라함의 자손인 줄 알지어다 8 또 하나님이 이방을 믿음으로 말미암아 의로 정하실 것을 성경이 미리 알고 먼저 아브라함에게 복음을 전하되 모든 이방인이 너로 말미암아 복을 받으리라 하였느니라 9 그러므로 믿음으로 말미암은 자는 믿음이 있는 아브라함과 함께 복을 받느니라

는 뜻이다. 무엇으로 살든 그것이 사실상 우리 삶의 핵심이다. 우리의 의미와 자신감과 기준이 거기에서 나온다. 여기 아주 유익한 질문이 있다. "나는 무엇으로 사는가? 내 삶의 기초는 무엇인가? 그것만 잃으면 내 삶이 남지 않을 것처럼 느껴질 그것, 그게 무엇인가?" 이런 물음을 통해 우리 삶의 기반이 드러난다.

아브라함 같은 믿음이 있으면 복을 받지만(9절), 율법으로 살면 그 결과로 '저주 아래'에 놓인다(10절). 이 '저주'에는 두 가지 측면이 있다. 우선 신학적으로 누구든지 "나는 율법을 지켜 구원받을 수 있다"고 말하는 사람은 율법의 명령을 대면할 각오가 되어 있어야 한다. 하나님을 온전히 사랑하려면 율법을 온전히 지켜야 한다. 하나님께 저주 대신 복을 받으려면 율법의 요구를 전부 충족시켜야 한다. 그런데 이는 불가능한 일이다. 따라서 율법의 행위로 구원받으려는 사람은 객관적인 저주 아래에 있다.

그러다 보니 누구든지 자력 구원을 추구하는 사람은 심리적으로 주관적인 저주를 경험한다. 행위로 구원받으려 하면 깊은 불안과 초조가 기본으로 뒤따른다. 기준이 무엇이든 자신이 그 기준에 충분히 부합한다고 결코 확신할 수 없기 때문이다.

---

10 무릇 율법 행위에 속한 자들은 저주 아래에 있나니 기록된 바 누구든지 율법 책에 기록된 대로 모든 일을 항상 행하지 아니하는 자는 저주 아래에 있는 자라 하였음이라 11 또 하나님 앞에서 아무도 율법으로 말미암아 의롭게 되지 못할 것이 분명하니 이는 의인은 믿음으로 살리라 하였음이라 12 율법은 믿음에서 난 것이 아니니 율법을 행하는 자는 그 가운데서 살리라 하였느니라

그래서 비판에 과민해지고, 시기하고, 나보다 잘하는 사람에게 기가 죽는다. 자신의 수준을 몰라서 불안하고 소심해지거나, 자신의 수준을 억지로 확신하려고 자랑하고 으스댄다. 둘 중 어느쪽이든 저주받고 정죄당하는 느낌을 안고 살아간다.

:: 저주가 걷히다

그렇다면 어떻게 저주에서 벗어나 모든 이방인에게 약속된 복(8절)을 누릴 수 있을까? 물론 전적으로 예수님이 이루신 일 덕분이다.

그분은 "우리를 위하여 저주를 받은 바 되사"(13절) 우리를 복으로 이끄셨다. 바울은 "나무에 달린 자는 하나님께 저주를 받았음이니라"라는 신명기 21장 23절 말씀을 인용했다. 구약 시대의 사형 집행은 대개 돌로 쳐 죽이는 방식이었다. 하나님께 버림받았다는 상징으로 그 후에 시체를 나무에 매달았다. 나무에 달렸기 때문에 저주받은 게 아니라 저주받은 표시로 나무에 달렸다. 바울은 이를 그리스도와 연관시켰다. 하나님께 버림받는 저주를 경험하셨다는 표시로 그분은 십자가라는 나무에 달려 처형되셨다. 거기서 우리를 위하여 저주받아 율법의 저주에서 우리를 해방('속량')하셨다.

---

13 그리스도께서 우리를 위하여 저주를 받은 바 되사 율법의 저주에서 우리를 속량하셨으니 기록된 바 나무에 달린 자마다 저주 아래에 있는 자라 하였음이라

여기 '위하여'라는 말은 '대표하여, 대신하여'라는 뜻이다. 즉 예수님은 우리의 대속물이 되셨다. 그분이 우리 몫인 저주를 받으심으로(13절) 우리는 그분 몫인 복을 받게 되었다(14절). 우리의 죄와 저주는 그분께 전가되었고, 그분의 의와 복과 성령은 우리에게 전가되었다. 양방향의 전가다.

바울의 표현에서 보듯이 예수님은 우리를 속량하시려고 단지 '저주받으신' 게 아니라 '저주가 되셨다'("저주를 받은바 되사"는 그렇게 직역된다-역자 주). 이는 고린도후서 5장 21절과 맥을 같이한다. "하나님이 죄를 알지도 못하신 이를 우리를 대신하여 죄로 삼으신 것은 우리로 하여금 그 안에서 하나님의 의가 되게 하려 하심이라." 예수님은 마치 죄인처럼 취급되셨다. 악인이 져야 할 모든 법적 책임이 그분의 책임인것처럼 여겨졌다. 법적으로 말해서 모든 것이 그분의 죄가 되었다.

이것을 깨닫는 게 왜 이렇게 중요한가? 믿을 때 우리에게 벌어지는 일이 그 속에 충격적으로 선포되어 있기 때문이다. 예수님이 우리를 위하여 죄인이 '되심으로' 우리도 똑같은 방식으로 의롭게 '되었다.' 그분이 받으신 저주는 하나님이 그분을 죄인으로 여기셨다는 뜻이다. 마찬가지로 우리가 받는 복은 하나님이 우리를 완전히 의롭고 흠 없는 존재처럼 여기신다는 뜻이다.

---

14 이는 그리스도 예수 안에서 아브라함의 복이 이방인에게 미치게 하고 또 우리로 하여금 믿음으로 말미암아 성령의 약속을 받게 하려 함이라

구원의 의미는 용서보다 훨씬 크다. 우리는 과거를 청산받는 정도가 아니라 하나님 보시기에 온전해진다. 그리고 그분 보시기에 온전한 상태로 유지된다. 친히 저주가 되어 우리에게 복을 주시는 그리스도의 죽음을, 처음 시작할 때만 믿고 그 후에는 '육체'로 지속하는 게 아니다. 이는 마치 이제부터 이어질 복은 우리 힘으로 얻어 내야 한다는 듯이 말이다. 이는 어리석은 일이다(1절). 이후의 여정도 시작할 때와 똑같다.

십자가에 못 박히신 그리스도를 알고 신뢰함으로 우리 심령이 녹아지고 빚어진다. 우리는 평생 복음을 벗어나지 않는다. 그럴 수도 없고 그럴 필요도 없다.

●

율법은 구원이 아니라 '죄'를 말한다

갈 3:15-25

율법이 우리를
그리스도께로 인도하는
초등교사가 되어

은혜로 구원받는다는 급진적 주장을 들을 때마다 즉시 떠오르는 의문이 있다. "율법에서 해방되면 하나님의 율법을 지킬 필요가 없다는 뜻인가? 내 행위가 아니라 늘 그리스도의 행위로만 구원받는데 왜 거룩하게 살고자 힘써야 하는가? 나는 하나님의 율법을 지킬 의무가 있는가? 왜 그런가?"

사실 하나님의 율법과 그리스도인의 관계보다 더 실제적인 질문은 없다. 삶의 방식에 대한 다른 질문 – "배우자를 어떻게 대해야 하는가? 돈을 어디에 쓸 것인가? 직장에서 편법을 써도 되는가?" 등 – 은 이 핵심 질문에서 파생된다. "하나님의 율법은 그리스도인인 나와 어떤 관계가 있는가?"

지금까지 갈라디아서의 흐름을 통해 바울은 우리의 의가 아닌 오직 그리스도를 믿음으로만 구원과 칭의와 속량을 얻음을 확증했다. 신중한 독자라면 이쯤해서 당연히 의문이 들게 마련이다. 그렇다면 율법의 자리는 어디인가? 그래서 바울은 여기서 그 중요한 문제로 넘어간다.

:: 유언의 성격

우선 바울은 율법의 역할이 아닌 것부터 강조한다. 그래서 '사람의 예'를 든다(15절). 그의 말처럼 인간의 계약도 구속력이 있어 무효로 하기가 어렵거나 불가능하다. "사람의 언약이라도 정한 후에는 아무도 폐하거나 더하거나 하지 못하느니라"(15절). 바울이 쓴 디아쎄케(diatheke)라는 단어는 '언약'으로 번역되었으나 법정 유언을 가리키는 말이다.

물론 이는 좋은 예다. 일단 적법하게 정식으로 작성된 유언은 아무리 상황이 변해도 그 구속력이 여전하기 때문이다. 하나님의 약속도 마찬가지다.

예컨대 어머니가 부유한 딸보다 가난한 딸에게 돈을 더 많이 남겼다면, 어머니가 죽은 다음 날 부유한 딸이 전 재산을 잃는다 해도 법적 문서의 구속력은 불변한다. 상황과 무관하게 유언은 여전히 성립된다.

모세 율법은 하나님이 아브라함에게 구원을 약속하신 일

---

15 형제들아 내가 사람의 예대로 말하노니 사람의 언약이라도 정한 후에는 아무도 폐하거나 더하거나 하지 못하느니라

보다 "사백삼십 년 후에 생"겨났다(17절). 그래서 어떤 사람들은 이런 결론을 내릴 수 있다. "아, 이제 바뀌었다! 아브라함에게 약속된 복을 받으려면 이제 우리는 모세 율법을 지켜야 한다."

하지만 이를 미리 내다본 바울은 그게 잘못된 결론이라고 말하고 이를 입증한다. "하나님께서 미리 정하신 언약을 … 율법이 폐기하지 못하고 그 약속을 헛되게 하지 못하리라"(17절).

그분이 아브라함에게 주신 약속이 모세 율법 때문에 약속 아닌 무엇으로 바뀔 수는 없다. 하나님은 아브라함에게 장차 초자연적인 개입을 통해 은혜로 복을 주시겠다고 약속하셨다(창 12:1-2, 15:1-6). 그런데 율법이 생겨났다고 해서 어떻게 그 약속의 성격 자체가 달라질 수 있는가?

이는 강력한 논증이다. 모세 율법이 구원의 길로 주어졌다면 이는 하나님의 생각이 바뀌었다는 뜻이다. 그분이 결정하시기를 우리에게 구주가 필요 없으며 따라서 그분의 약속이 아니라 우리의 행위에 근거하여 복을 주시기로 하셨다는 뜻이다.

율법에 그런 기능이 있다면 율법은 약속에 더해지는 게

---

16 이 약속들은 아브라함과 그 자손에게 말씀하신 것인데 여럿을 가리켜 그 자손들이라 하지 아니하시고 오직 한 사람을 가리켜 네 자손이라 하셨으니 곧 그리스도라 17 내가 이것을 말하노니 하나님께서 미리 정하신 언약을 사백삼십 년 후에 생긴 율법이 폐기하지 못하고 그 약속을 헛되게 하지 못하리라 18 만일 그 유업이 율법에서 난 것이면 약속에서 난 것이 아니니라 그러나 하나님이 약속으로 말미암아 아브라함에게 주신 것이라

아니라 아예 약속을 '헛되게' 한다(갈 3:17). "만일 그 유업이 율법에서 난 것이면 약속에서 난 것이 아니리라"(18절). 원리인즉 '약속'과 '율법'은 개념 자체가 상호 배타적이라는 것이다. 내가 내 약속 때문에 당신에게 뭔가를 준다면 이는 당신의 행위 때문이 아니다.

반대로 당신의 행위 때문에 뭔가를 준다면 이는 내 약속 때문이 아니다. 바울은 무엇이든 은혜로 주어지거나 행위로 얻어 내거나 둘 중 하나라고 단호히 못 박는다. 주는 쪽의 약속 때문이 아니면 받는 쪽의 행위 때문이다. 둘 중 하나다.

가만히 생각해 볼 가치가 있다. 약속이 이루어지려면 약속을 믿기만 하면 되지만, 율법이 성취되려면 율법을 지켜야 한다.

예컨대 내가 "우리 삼촌이 당신을 만나 1천만 달러를 주기를 원한다"고 말한다면, 당신은 이 말을 불신하지 않는 한 1천만 달러를 받도록 되어 있다. 삼촌을 만나지 않고 그냥 웃어넘기며 집으로 가 버리면 그 돈을 받지 못한다. 이번에는 내가 "우리 삼촌이 유산 1천만 달러를 당신에게 남길 의향이 있다. 단, 당신이 그의 노년에 함께 살며 그를 돌보아야 한다"라고 말한다 하자. 이때는 돈을 받으려면 요구 조건을 충족시켜야 한다. 약속된 선물은 믿기만 하면 받는다. 그러나 율법의 대가는 순종해야만 받을 수 있다.

모세 율법이 본래 구원의 수단이라면 아브라함에게 주신 약속은 진짜 약속일 수 없다. 게다가 '이 약속들'에는 언약의 도장까지 찍혀 있다. 바울은 다시 우리를 창세기 15장으로 데려간다. 아브람이 하나님께 "내가 [약속하신 복]을 소유로 받을 것을 무엇으로 알리이까"(8절)라고 여쭙자, 그분은 암소와 염소와 숫양과 산비둘기와 집비둘기를 가져오라고 말씀하셨다. 아브람은 무슨 말인지 알아듣고 그것들의 "중간을 쪼개고 그 쪼갠 것을 마주대하여 놓"았다(10절).

우리에게는 이상해 보이지만 아브람 시대에는 그게 언약에 '날인하는' 방식이었다. 언약을 체결하는 방법은 쪼갠 짐승들 사이로 지나가는 것이었다. (아주!) 생생한 방식으로 각자 이렇게 진술한 셈이다. "내가 이 계약을 어길진대 이렇게 잘라지고 쪼개질지어다. 그런 나는 이 짐승들처럼 죽어 마땅하도다."

그런데 하나님과 아브람의 언약에서는 이상하게도 아브람은 쪼갠 고기 사이를 지나가지 않는다. "아브람에게 깊은 잠이 임하고"(12절), "연기 나는 화로가 보이며 타는 횃불이 쪼갠 고기 사이로 지나"갔을 뿐이다(17절). 이 이상한 횃불은 무엇인가? 하나님이다. "그날에 여호와께서 아브람과 더불어 언약을 세워"(18절).

하나님이 아브람에게 주신 약속은 언약적 약속이다. 이

언약은 조금도 아브람에게 의존하지 않는다. 오직 하나님께만 달려 있다. 그분은 차라리 죽으실지언정 아브람과 그 후손에게 복을 주시고 한 특정한 후손("네 자손," 갈 3:16)을 통해 온 세상에 복을 주신다는 약속을 절대로 어기지 않으신다. 결국 그분은 그 '자손', 곧 인간 예수 그리스도로 오셔서 십자가에서 죽으셨다.

바울이 창세기 15장을 염두에 두고 갈라디아 교인들에게 지적한 요지는 간단하다. 즉 하나님이 그분의 언약적 약속에 순종의 요구를 더하신다는 건 있을 수 없는 일이다. 약속을 지키시기로 그분이 친히 보장하셨다. 그런데 왜, 어떻게 율법이 "그 약속을 헛되게" 한단 말인가(17절)?

모세 율법에는 다른 목적이 있을 수밖에 없다. 그러나 율법을 주신 하나님의 취지가 무엇인지 알아보기 전에 먼저 풀어야 할 의문이 있다. 바울의 이 논지는 갈라디아 그리스도인들과 (또한 오늘의 우리와) 어떻게 직접 관련되는가? 그들은 이스라엘의 혈통도 아니었고, 아브라함과 모세에게 각각 약속과 율법이 주어질 때 아직 세상에 존재하지도 않았다.

그들은 구속사의 한참 뒤에야 등장하지만, 그럼에도 바울이 논박하는 이 동일한 오해에 빠질 위험이 있었다. 바울이 바로잡고 있는 오해란 바로 하나님이 자기 백성에게 복을 약속하셨으나 이 복을 얻거나 유지하려면 율법을 지켜야 한다는 것이었다. 바울이 이미 지적했거니와 갈라디아 그리스도인들은 "성령으로 시작하였다가 이제는 육체로 마치"려 하고 있었다(3절). 하지만 그가 여태 논증했듯이, 처음에 은혜로 제시된 값없는 약속은 계속 은혜여야지 그렇지 않으면 더는 약속이 아니다. 행위에 근거하는 순간 더는 값없는 선물이 아니다. 이는 고대 이스라엘 못지않게 갈라디아 교인들이 하나님 앞에 받아들여지는 데도 똑같이 적용되었다.

흔히 신자들은 그리스도인의 삶을 시작할 때는 자아에서 벗어나 "그리스도께서 십자가에 못 박히신 것을 … 밝히" 본다(1절). 우리 대신 그리스도께서 저주받아 우리에게 복을 주신다는 하나님의 약속에 의지한다. 그런데 시간이 지나면 시선이 안으로 향하여 자신의 '육체'(3절), 즉 인간의 노력을 보기 쉽다. 자신의 행위에 의지하여 하나님 앞에 받아들여지려는 유혹이 든다. 여기에 굴하면 우리는 심히 불안해진다. 확신이 사라지면서 자칫 절망이나 교만에 빠지기 쉽다.

바울은 갈라디아 그리스도인들이 거짓 교사들의 말을 듣지 않기를 바랐다. 그리하여 자아로부터 눈을 떼 다시 십자가를 보기를 바랐다. 하나님이 자기 백성에게 삶의 방식을 명하신 취지가 무엇이든 간에, 그분의 수용을 얻어 내기 위한 것일 수는 없다. 약속이 율법에 선행한다. 복을 주는 부분에서 율법은 약속과 공존할 수 없다. 복의 원천은 약속이며 율법은 약속을 폐기하지 못한다. 이스라엘은 하나님의 약속에 의존해야 할 나라였고, 그리스도인 개개인도 다를 바 없다.

마침내 19절에 바울은 율법의 취지가 무엇인지 밝힌다! 율법은 그리스도께서 오실 때까지 "범법함으로 더하여진 것" 이다(19절). 율법은 우리에게 구원을 말해 주러 온 게 아니라 죄를 말해 주러 왔다. 율법의 주목적은 우리의 문제를 보여 주고 우리 자체에 해답이 없음을 입증하는 데 있다. 우리는 율법을 어기는 존재이며 율법을 온전히 지킬 능력이 없다.

나머지 19절과 20절은 아주 알쏭달쏭하다. 일부 주석가들은 바울의 이 말을 이렇게 해석한다. 하나님이 그 백성에게 율법을 말씀하실 때는 모세라는 중보자를 통해서 하셨지만 약속을 말씀하실 때는 아브라함에게 직접 하셨다는 것이다. 하지만 확실한 것이 아니다.

이 말이 무슨 뜻이며 전체 논증에 어떻게 맞아드는지 아무도 정확히 모른다. 다행히 바울의 논지와 이를 뒷받침하는 다른 요소들이 명확하므로, 굳이 이 부분을 다급하게 해석하지 않아도 그의 말을 이해할 수 있다.

21절에서 바울은 19절 앞부분에 했던 말로 되돌아간다. 하나님이 의도하신 율법은 결코 "살게 하는"("생명을 부여하는," NIV) 게 아니다. 그렇지 않다면 우리는 율법을 통해 의로워질

---

19 그런즉 율법은 무엇이냐 범법하므로 더하여진 것이라 천사들을 통하여 한 중보자의 손으로 베푸신 것인데 약속하신 자손이 오시기까지 있을 것이라 20 그 중보자는 한 편만 위한 자가 아니나 하나님은 한 분이시니라

수 있을 것이다. 그러나 사실은 "[구약]성경이 모든 것을 죄 아래에 가두었다"다(22절). 바울은 여기에 아주 생생한 헬라어 표현을 썼다. 더 직역하면 "성경이 온 세상을 죄에 가두었으니"가 된다.

성경의 이런 기능에 우리는 집중하지 않는 편이다! 바울은 아마 회심 직전 자신의 경험을 떠올렸을 것이다(참조, 롬 7:7-13). 그는 탐심과 시기를 금한 율법을 제대로 깨닫기 전까지는(롬 7:9, "계명이 이르매") 자만에 젖어 있던 바리새인이었다. 율법을 통해 자신이 도덕적으로 무력한 존재임을 보고 느꼈다. 자신이 죄인일 뿐 아니라 스스로 해방되거나 치료하기에 속수무책인 죄의 포로임을 깨달았다.

바로 이게 율법의 목적이다. 율법이 알려 주듯이 우리는 하나님의 뜻에 '못 미치는' 정도가 아니라 완전히 죄의 세력 아래에 있다. 따라서 더 잘하려고 안간힘을 쓸 게 아니라 누군가 우리를 건져 주어야 한다.

율법은 우리가 의롭지 못함을 알려 줄 능력은 있으나 우리에게 의로워지는 능력을 줄 수는 없다. 사실 우리는 하나님의 기준을 보고 지키려 해도 실패할 뿐이다. 이로써 율법은 우

---

21 그러면 율법이 하나님의 약속들과 반대되는 것이냐 결코 그럴 수 없느니라 만일 능히 살게 하는 율법을 주셨더라면 의가 반드시 율법으로 말미암았으리라 22 그러나 성경이 모든 것을 죄 아래에 가두었으니 이는 예수 그리스도를 믿음으로 말미암는 약속을 믿는 자들에게 주려 함이라

리의 무력함을 보여 준다. "의가 … 율법으로 말미암"을 수는 없다(21절하). 율법으로 의로워질 수 있다고 생각한다면 역설적으로 율법의 핵심을 놓친 것이다.

요컨대 바울은 율법이 우리 죄를 보여 줌은, '약속을' 주되 '믿는 자'들에게 주려 함이라고 말한다(22절하). 율법은 그 본분을 다하여 우리를 은혜에서 난 구원의 필요성을 깨닫는 쪽으로 이끈다. 이렇듯 율법은 그리스도를 통해 은혜로 구원받는다는 약속과 대치되지 않는다. 오히려 약속의 필요성을 우리에게 가리켜 보임으로써 약속을 떠받친다.

:: 약속을 가르키는 율법

바울은 율법이 그리스도인의 삶 속에 작용하는 방식을 두 가지 은유로 설명한다. 첫째, 율법은 호위병이다. "믿음이 오기 전에 우리는 율법 아래에 매인 바 되고 계시될 믿음의 때까지 갇혔느니라"(23절). '매인 바 되고'와 '갇혔느니라'에 해당하는 헬라어 어휘는 군대 호위병을 통해 보호받는다는 의미다.

둘째, 율법은 가정교사(파이다고고스, paidagogos)이며 우리는 이 '가정교사'의 초등 지도 하에 살아간다. "율법이 우리를 그리스도께로 인도하는 초등교사가 되어"(24절). 바울 시대의 가

---

23 믿음이 오기 전에 우리는 율법 아래에 매인 바 되고 계시될 믿음의 때까지 갇혔느니라

정에서 가정교사 내지 보호자는 대개 노예 신분이었고, 부모를 대신하여 자녀를 감독했다. 이 은유는 4장에 다시 나온다.

호위병과 가정교사는 둘 다 자유를 박탈한다. 두 은유 모두에서 '율법'과 우리의 관계는 친밀하거나 인격적이지 못하며 상벌에 기초한다. 두 경우 다 우리는 어린아이나 그 이하로 취급된다. 그래서 바울은 복음에 근거하지 않은 모든 종교의 특징을 이렇게 묘사한다.

1. 사람을 예속한다.
2. 신과의 관계가 비인격적이며, 동기는 상을 받으려는 마음과 벌에 대한 두려움이다.
3. 신 앞에서 자신의 신분에 대한 확신이 없다.

그런데 둘째 은유는 (첫째와 달리) 율법의 참 목적이 교훈에 있음을 보여 준다. 율법은 그 자체 너머를 가리켜 보인다. 가정교사가 장차 성인이자 자유인으로 살아가도록 아이를 준비시키는 것과 같다. 율법이 가리켜 보이는 것은 다음과 같다.

1. 속박된 삶이 아니라 자유로운 삶
2. 신과의 비인격적 관계가 아니라 인격적인 관계
3. 미성숙이 아니라 성숙한 성품

그래서 구약은 사람들에게 "마음을 다하[여] 네 하나님 여호와를 사랑"할 것(신 6:5)과 "마음에 내 율법이 있는 백성"이 될 것(사 51:7)을 요구한다. 율법을 제대로 들을진대 거기서 끊임없이 부각되는 사실이 있다. 우리에게 필요한 의, 능력, 하나님을 향한 사랑은 우리 힘에 부치고 율법으로도 역부족이다. 은혜로 말미암는 구원이 우리에게 꼭 필요하다.

꽤 길지만 여기서 존 스토트의 말을 인용할 만하다.

"일찍이 아브라함에게 약속을 주신 하나님이 모세에게 율법을 주셨다. 왜 그러셨을까? 먼저 문제를 드러내야 해법을 주실 수 있기 때문이다. 율법은 죄를 드러내고 유발하고 정죄했다. 율법의 목적은 점잖은 인간의 가면을 벗겨 그 안의 실상을 드러내는 데 있었다. 즉 인간은 죄성과 반항심에 물든 죄인이며 하나님의 심판 아래 놓여 스스로 구원할 능력이 없다.

하나님이 부여하신 율법의 이 기능은 지금도 계속되어야 한다. 죄와 심판을 유화하는 성향은 현대 교회의 큰 과오다. 율법을 우회하여 곧장 복음으로 가서는 결코 안 된다. 이는 성경 역사에 나타난 하나님의 계획을 거스르는 일이다. 일찍이 누구도 먼저 율법을 통해 자신의 실상을 보지 않고는 복음의 진가를 깨닫지 못했다. 칠흑같이 까만 밤하늘에만 별이 보이듯이, 복음도 어두운 죄와 심판

을 배경으로만 빛을 발한다."-《갈라디아서 강해》

(전부는 아니지만) 많은 그리스도인의 간증을 들어 보면, 하나님의 필요성을 처음 깨닫던 당시에 그들은 미성숙한 시기를 통과했다. 그때는 매우 종교적이었다. 부지런히 행실을 고치고 종교적 의무를 다하여 새 삶을 살고자 했다. 교회 예배 때면 눈물로 하나님께 항복했다. "예수님께 삶을 바치고 마음속에 그분을 영접했다."

하지만 많은 경우에 이는 아주 종교적이고 착해지려는 결심에 불과했다. 그런 식으로 하나님의 은총과 복을 얻기를 바랐다. 이 단계에는 (어린아이처럼) 대개 감정 기복이 많았다. 영적으로 헌신하면 기분이 좋았고, 하나님께 약속을 지키지 못하면 낙심했다. 불안감도 컸다.

바울의 표현으로 그들은 '초등교사' 아래에 있는 아이와 같았다. 복음의 하나님을 발견하는 쪽으로 가고 있었지만 아직 도달하지는 못한 상태였다!

:: 그리스도인의 삶과 율법의 관계

율법은 '믿음의 때'까지 우리를 가두었다(23절). 일단 믿음이 온 뒤로는 "우리가 초등교사 아래에 있지 아니하"다(25절).

125

율법을 지켜 하나님께 인정받으려 애쓸수록 오히려 확인되는 사실이 있다. 율법으로는 그분께 인정받을 수 없다. 이 사실을 깨닫고 그리스도를 구주로 삼아야 비로소 우리는 율법이 가정교사로서 우리에게 가르치려던 교훈을 터득한 것이다.

그런데 그리스도인의 경우 율법은 이미 호위병과 가정교사의 소임을 다했다. 그렇다면 이제 율법쯤은 잊어도 되는 것인가? (바울도 똑같이 말하겠지만) 천만의 말이다!

앞서 보았듯이 율법은 우리가 그리스도를 만날 때까지 우리의 "초등교사"였다. 아이가 장성할 때까지 아이의 보호자였던 셈이다. 한 걸음 더 나가 보자. 아이가 장성하면 부모나 보호자의 가치관을 다 버리고 완전히 다르게 사는가? 그게 자녀를 양육하는 목적인가?

그렇지 않다. 이상적인 경우라면 장성한 자녀에게는 더는 이전처럼 순종이 강요되지 않는다. 오히려 기본 가치관이 이미 내면화되어 이전과 비슷하게 살아가되 본인이 원해서 그렇게 한다.

요컨대 바울의 말은 이제 우리가 하나님의 율법이라는 가치관과 무관하다는 게 아니라 율법을 더는 구원의 길로 보지 않는다는 뜻이다. 이제 율법은 두려움을 이용해 억지로 순

24 이같이 율법이 우리를 그리스도께로 인도하는 초등교사가 되어 우리로 하여금 믿음으로 말미암아 의롭다 함을 얻게 하려 함이라

종을 강요하지 않는다. 복음의 의미 그대로, 이제 우리가 율법에 순종하는 이유는 거부당할까 봐 두려워서도 아니고 행위로 구원받기 위해서도 아니다. 약속에서 난 구원을 받아들이면 우리 마음이 감사로 충만해져 어떻게든 구주를 기쁘시게 하고 그분을 닮고 싶어진다. 그런데 그 방법이 바로 율법에 순종하는 것이다. 아울러 감사의 동기로 율법을 대하면, 이전에 혹 구원받을까 싶어 지키던 때보다 율법을 더 잘 지키게 된다.

왜 그러한가? 첫째, 율법을 지켜서 구원받는다고 생각하면 율법이 얼마나 엄중하고 가혹한지를 정서적으로 차마 인정할 수 없다. 예컨대 예수님은 남을 향한 분노나 멸시도 일종의 살인이라 하셨다(마 5:21-22). 이 계명이 얼마나 넓고 깊은지를 인정하려면 다음 사실을 알아야만 가능하다.

즉 우리는 이 계명을 완전히 지킬 수도 없거니와 구원받기 위해서라면 아예 지킬 필요가 없다. 예수님이 그 일을 대신해 주셨기 때문이다. 하지만 율법을 지켜서 구원받으려고 하면 하나님의 율법의 적용 범위를 끊임없이 좁혀야 한다. 그래야 그나마 지킬 만할 테니 말이다.

둘째, 감사와 기쁨이 동기가 되면 두려워서 동조할 때보다 순종에 훨씬 더 인내할 수 있다. 두려워서 동조하면 순종이 고역스러워 역경을 견디지 못한다. 요컨대 율법주의자와 달리

---

25 믿음이 온 후로는 우리가 초등교사 아래에 있지 아니하도다

우리는 복음 덕분에 율법을 참으로 존중할 수 있다. 복음이 없으면 율법을 지키더라도 율법이 못내 싫어진다. 율법을 이용할 뿐 참으로 율법을 사랑하지는 못한다.

그러나 구원받기 위해서가 아니라 구원받았기 때문에 율법에 순종한다면, 그때만은 "하나님에 대하여" 그리할 수 있다(갈 2:19). 약속에서 난 구원을 깨달으면 하나님께 순종하되 더는 자신을 위하여 하지 않는다. 율법을 구원의 길로 이용하여 하나님께 뭔가 얻어 내려 하지 않는다. 반대로 우리는 하나님을 위하여 그분께 순종한다. 율법의 내용대로 우리 아버지이신 그분을 기쁘시고 즐겁게 해 드린다.

그리스도인의 구원에서 율법과 은혜는 서로 협력 관계다. 많은 사람이 기쁨과 수용을 원하면서 자기 죄의 심각성을 인정하지 않는다. 그들은 자신의 삶과 마음에 대한 율법의 엄중하고 쓰라린 분석을 듣지 않는다.

하지만 죄성이 얼마나 속수무책으로 뿌리 깊은지를 모른다면 구원의 메시지는 감격과 해방으로 다가오지 않는다. 자신의 빚이 얼마나 큰지 모른다면 그리스도께서 치르신 대가가 얼마나 큰지도 알 길이 없다. 자신이 별로 악하지 않다고 생각한다면 은혜라는 개념도 우리를 변화시킬 수 없다.

율법은 우리의 실상을 보여 주고, 그리하여 결국은 그리스도의 실상을 가리켜 보인다. 그분은 우리 구주시다. 그분이 우리를 위해 율법을 지키셨고 우리 대신 죽으셨기에 우리는 약속된 복을 받을 수 있다. 율법 덕분에 우리는 예수님을 사랑할 수 있고, 감사의 마음으로 그분께 순종하여 우리의 사랑을 표현할 수 있다.

●

복음이 우리에게 가져다주는 특권

갈 3:26-4:7

누구든지 그리스도와 합하기 위하여
세례를 받은 자는
그리스도로 옷 입었느니라

바울이 지금까지 한 모든 말은 이제 절정에 이르렀다. 사실은 복음의 절정이다.

> "우리가 하나님의 자녀 곧 아들딸이라는 개념은 … 그리스도인의 삶의 원동력이다 … 하나님의 아들이라는 우리의 신분이야말로 창조의 정점이요 구속(救贖)의 목표다."
> - 싱클레어 퍼거슨,《살아 계신 하나님의 자녀》

그리스도인이 어떤 존재이며 그게 왜 특권인지 알려면 하나님의 입양을 알아야 한다. '자손'(3:19)이신 예수님은 아브라함에게 약속된 모든 복을 받으신다. 따라서 누구든지 그리스도께 속한 사람은 자동으로 아브라함에 주어진 약속의 상속자가 된다(29절). 이 유업은 어떻게 우리 것이 되는가? 우리는 성자 예수님을 통해 법적으로 하나님의 자녀가 되어(4:4-5) 새로운 신분을 받고, 성령을 통해 체험적으로 하나님의 자녀가 된다(6-7절).

:: 하나님의 아들

그리스도인의 삶의 핵심은 3장 26절이다. "너희가 다 … 하나님의 아들이 되었으니." 우리는 이미 하나님의 자녀다. 이는 우리의 목표점도 아니고 미래에 얻을 바도 아니다. 이미 주어진 우리의 현 상태다.

하지만 이 아들 신분은 만인 보편의 것이 아니다. 우리는 그분께 지음 받았다는 일반적 의미에서 '하나님의 자녀'인 게 아니다. 물론 모든 인간은 하나님의 형상대로 지음 받았으므로 어떤 의미에서 다 하나님의 소생이다(행 17:29). 하지만 여기서 바울이 말하는 관계는 그보다 훨씬 깊다. 이 아들 신분은 "믿음으로 말미암아 그리스도 예수 안에서" 주어진다. 참 아들이신 그분을 믿어야만 우리도 아들이 된다. 하나님이 우리를 입양하심은 바로 믿음을 통해서다.

남녀 모든 그리스도인이 남성 단어 '아들'로 지칭된 것을 못마땅해 하는 이들이 많다. 어떤 사람들은 "너희는 다 … 하

---

26 너희가 다 믿음으로 말미암아 그리스도 예수 안에서 하나님의 아들이 되었으니

나님의 '자녀'가 되었으니"(26절)라는 번역(NIV 2011년판 등)을 선호한다. 그러나 성경의 어법을 너무 서둘러 고치면 바울의 말의 혁명적 성격은 물론 철저한 평등주의까지 놓친다. 웬만한 고대 문화에서 딸은 재산을 상속받을 수 없었다. 그러므로 '아들'은 '법적 상속자'를 뜻했다. 여자에게는 금지된 지위였다. 그런데 복음은 우리 모두가 그리스도 안에서 하나님의 아들이라고 말한다. 우리 모두가 상속자다. 비슷한 표현으로 성경은 남자까지 포함하여 모든 그리스도인을 '그리스도의 신부'로 통칭한다(계 21:2). 하나님은 어느 한 성(性)에 국한된 은유를 쓰실 때도 공평하시다. 남자도 성자 예수님의 신부이고 여자도 하나님의 아들 곧 상속자다. 바울은 여성 그리스도인도 '하나님의 아들'이라 불렀거니와 이를 막는다면 우리는 그게 얼마나 급진적이고 경이로운 주장인지를 놓친다.

:: 그리스도로 옷 입은 우리

그리스도를 믿으면 어떻게 하나님의 아들로 간주되는가? 27절에 나와 있다. 바울은 이 신자들이 믿음으로 말미암아("그리스도와 합하기 위하여 세례를 받음"은 그 믿음의 공적 표현이다) "그리스도로 옷 입었"다고 말한다. 옷 입는 비유는 바울이 즐겨 사용한다(참조, 롬 13:12, 엡 4:24, 골 3:12). 여기서 그는 그리스도 자신을

27 누구든지 그리스도와 합하기 위하여 세례를 받은 자는 그리스도로 옷 입었느니라

의복에 견준다. 그리스도로 옷 입는다는 개념에는 네 가지 놀라운 의미가 담겨 있다.

첫째, 우리의 기본 정체는 그리스도 안에 있다. 옷차림은 남들에게 내가 어떤 사람인지를 보여 준다. 거의 모든 복식(服飾)이 사실은 내가 동일한 성별이나 사회 계급이나 민족 집단에 속해 있음을 보여 주는 제복이다. 그리스도가 우리의 옷이라는 말은 우리의 궁극적 정체성이 그 어떤 분류 기준에도 있지 않고 그리스도 안에 있다는 뜻이다.

둘째, 우리는 그리스도와 가까운 사이다. 옷은 어떤 소지품보다도 몸에 가까이 있다. 우리는 매순간 옷의 보호를 받는다. 옷은 어디나 우리와 동행한다. 따라서 그리스도가 우리의 옷이라는 말은 항상 그분을 의지하고 실존적으로 의식해야 한다는 뜻이다. 영적으로 '그분의 임재를 연습해야' 한다.

셋째, 그리스도를 본받는다. 그리스도의 임재를 연습하려면 마치 직접 그분의 면전에 있는 것처럼 늘 생각하고 행동해야 한다. 성경에 이와 비슷한 표현으로 "하나님 앞에서 행한다"는 말이 있다(창 17:1, 시 56:13 참조). 삶의 모든 영역 속에 예수님을 모셔 들여, 그분의 뜻과 그분의 영(靈)에 맞추어 변화시킨다는 뜻이다. 우리는 그분의 덕과 행동을 '입어야' 한다. '차림새'가 예수님과 같아야 한다.

넷째, 하나님이 우리를 받아 주셨다. 끝으로 옷에는 장식의 의미도 있다. 옷은 벌거벗은 몸을 가려 준다. 타락 이후로 하나님은 우리의 수치를 가릴 옷을 공급해 주셨다(창 3:7,21). 그리스도가 우리의 옷이라는 말은 그분이 이루신 구원 덕분에 하나님 보시기에 우리가 사랑받는다는 뜻이다. 하나님은 우리를 보실 때 아들 예수님을 보시므로 우리도 아들로 보신다. 예수님은 자신의 완전한 의를 우리에게 주어 입게 하셨다.

이렇듯 갈라디아서 3장 27절은 완전히 새로워진 삶에 대한 대담하고도 포괄적인 은유다. 이는 계속 그리스도를 생각한다는 뜻이다. 우리의 모든 생각과 언행 속에 그분의 영과 성품을 불어넣어 흠뻑 배어들게 한다는 뜻이다. 이 정도면 계율과 규정을 지키는 차원을 훌쩍 넘어선다. 그분을 늘 사랑하여 그분으로 충만한 상태다. 그리스도인은 하나님께 온전히 받아들여지거나 그 상태를 유지할 목적으로 모세 율법에 따로 더 헌신할 필요가 없다. 이미 그리스도로 옷 입었기 때문이다.

:: 그리스도 안에서 하나

26절에는 그리스도인과 우리 아버지이신 창조주 하나님 사이에 존재하는 놀라운 친밀함이 계시되어 있다. 27절에는 그리스도인과 우리 구주이신 성자 하나님의 놀랍도록 가까운 관계가 약술되어 있다. 이 두 구절에서 흘러나온 28절은 그리스도인들 사이의 연합을 보여 준다. 인종이나 사회 계급이나 성별이 달라도 분열은 없다.

그렇다고 교회 안에 더는 아무런 구별도 없다는 말이 아니다. 예컨대 헬라인이 헬라인 고유의 문화와 정신을 버리고 유대인과 똑같아져야 한다는 뜻이 아니다(이거야말로 서신의 전체 요지 중 하나가 아닌가). 그러므로 이는 우리 삶의 방식에 남녀 간의 구별이 없어야 한다는 의미일 수도 없다. 에베소서 5장 21절에서 6장 9절, 골로새서 3장 18절에서 4장 1절에 나오는 바울의 가르침과 마찬가지로, 여기서도 그는 상이한 문화와 계급과 성별의 각기 다른 본분과 실천을 없애자는 뜻으로 말한 게 아니다. 우리는 다 획일적이거나 서로 맞바꿀 수 있는 존재가 아니다. 다만 모두가 '하나'일 뿐이다.

복음에 함축된 사회적 의미는 가히 혁명적이다. 복음은 내가 다른 누구나 무엇이기 이전에 그리스도인이라는 뜻이다. 세상 사람들을 파벌 싸움으로 갈라놓는 모든 장벽이 그리스도 안에서 허물어진다는 뜻이다. 바울은 사람들을 흔히 분열시키는 세 가지 장벽에 주목했다.

첫째, 문화적 장벽이다. "유대인이나 헬라인이나 …." 문화적 분열은 그리스도의 교회에 들어설 자리가 없다. 한 문화의 사람들이 하나님께 받아들여지기 위해 다른 문화처럼 될 필요가 없다. 그러므로 우리는 한 집단이 다른 집단에 대해 문화적 우월감을 품거나 내세우지 말고, 서로를 받아들여야 한

---

28 너희는 유대인이나 헬라인이나 종이나 자유인이나 남자나 여자나 다 그리스도 예수 안에서 하나이니라

다. 교회 안에서는 인종적, 문화적 장벽을 뛰어넘어 서로 교제하고 사랑해야 한다.

둘째, 계급적 장벽이다. "종이나 자유인이나 …." 경제 계층 역시 교회 안에까지 흘러들어서는 안 된다. 세상처럼 계급별로 어울릴 게 아니라 그런 장벽을 뛰어넘어야 한다. 가난한 사람이나 저소득 노동자에게 어떤 식으로든 열등감을 안겨 주어서는 안 된다. 반면에 부자를 배척하거나 반감을 품어서도 안 된다.

셋째, 성적 장벽이다. "남자나 여자나 …." 바울 시대에는 아마 이 장벽이 가장 높았을 것이다. 여자가 절대적으로 남자보다 열등하게 여겨지던 때였다. 오늘날에도 이 원리를 적용하는 부분에서 가장 파열음과 논란이 많다. 어쨌든 혁명적인 것만은 분명하다. 하나님 앞과 그리스도 안에서는 여자도 평등하므로 남자와 대등한 재능과 능력을 받았음을 인정해야 한다.

여기서 자연스럽게 제기되는 의문이 있다. 바울은 28절에 함축된 의미를 사회 전반과 관련해서는 어떻게 보았을까? '종이나 자유인'이나라는 문구는 노예제도의 폐지를 부르짖는 말인가? 만일 그렇다면 왜 그는 에베소서 6장 5-8절과 골로새서 3장 22-25절에는 종들에게 부지런히 일할 것을 당부했는가?

갈라디아서 3장의 논제를 잘 보면, 이 철저한 평등은 그리스도 안에 있는 사람들에게 해당한다. 이것이 사회 전반에 미치는 의미는 아직은 그야말로 함축된 정도라서 장차 세월을 두고 풀어가야 했다.

일례로 대부분의 고대사회는 '장자상속권'이라는 법을
따랐다. 장남이 사실상 집안의 전 재산을 물려받는 제도였다.
그런데 이 본문에서 바울은 그런 관습에 맞서 그리스도인이라
면 남녀 모두 대등하게 하나님의 상속자라고 말한다. 예수님
이 상속받으실 모든 것을 우리도 상속받는다는 말이다. 그렇
다고 본문에서 바울이 장자상속권의 법을 금한 것은 물론 아
니다. 그것은 그의 직접 관심사가 아니었다. 하지만 기독교 가
정들의 사고가 점차 그런 쪽으로 바뀌면 당연히 장자상속권의
실천이 속속 중단될 것이고, 그리하여 결국 이교의 사회 풍조
가 전복될 것이다. 바울이 전한 이 진리는 장기적으로는 사회
전반에 걸쳐 그리스도인들의 생활방식에 영향을 미치도록 되
어 있다.

복음의 자유는 삶 전체에 대한 우리의 태도를 바꾸어 놓
을 수밖에 없다. 하지만 이번 가르침에서 사회 전반의 변화는
바울의 당면 관심사가 아니다. 그는 기독교 공동체 내의 모든
장벽이 복음으로 인해 허물어지기를 원했다.

이러한 연합은 26-27절의 진리에서만 나올 수 있다. 어
떻게 그러한가? 첫째, 복음의 좋은 소식(good news of the gospel)이
연합을 낳는다. 복음이 우리에게 가져다 주는 온갖 특권(26절의
아들의 신분, 14절의 성령, 11절의 온전한 의, 27절의 그리스도와 연합한 모든
결과 등)은 너무도 경이로워서, 공로나 유산으로 얻는 세상 최

고의 혜택을 능가할 수밖에 없다. 그리스도로 옷 입은 다른 사람을 어떻게 업신여길 수 있는가? 하나님의 아들인 내가 왜 남을 시기하겠는가?

둘째, 복음의 나쁜 소식(bad news of the gospel)도 연합을 낳는다. 우리는 은혜의 수혜자이며, 알다시피 우리에게 임한 복은 행위로 얻은 것이 아니다. 따라서 민족이나 지위나 성별에 대한 우리의 교만은 자취를 감춘다. 우리는 자신이 여느 누구와 다를 바 없이 죄인임을 안다. 그러니 자신을 남보다 낫게 여기거나 남을 배제할 이유가 없다. 우리는 죄인이며 은혜로 입양되었다.

:: 그리스도를 통한 상속자

이번 본문은 각 구절마다 우리의 지평을 넓혀 준다. 믿음으로 인한 우리 실상의 전모로 마음을 전율하게 한다. 26절은 저 위에 닿아 있다. 우리는 창조주의 아들이다. 28절은 온 세상으로 뻗어 나간다. 우리는 다른 모든 그리스도인과 연합되어 있다. 세상이 말하는 모든 분열 요인을 초월하여 그리스도 안에서 하나가 되었다.

29절은 역사를 뒤돌아본다. 믿음으로 말미암아 그리스도로 옷 입은 우리는 이제 "아브라함의 자손이요 약속대로 유업을 이을 자" 곧 상속자다. 하나님은 아브라함에게 주신 모든 약속을 아들 예수님을 통해 성취하셨고 또 성취하실 것이다. 그러므로 우리는 하나님의 양자로서 그분이 약속하신 모든 것을 온전히 누린다.

:: 성년에 이를 때

3장 26-29절의 위대한 진리는 저 위와 바깥과 뒤에까지 닿아 있다. 그 진가를 다 알려면 평생이 걸리고, 이를 누리는 데는 우리에게 영원이 주어져 있다. 그래서 4장 서두에 바울은 잠시 이 진리를 되새기며, 하나님께 입양된다는 의미를 우리에게 좀더 깨닫게 해 준다.

아들의 신분을 예시하고자 바울은 큰 재산의 상속자인 한 어린아이를 예화로 든다. 어렸을 때는 그도 "종과 다름이 없"어(4:1) "후견인과 청지기 아래에 있"다(2절). 하지만 성년에 이르면 유산을 물려받는다.

고대에는 '성년에 이르는 과정'이 중요하여 잘 규정되어 있었다. 로마의 경우 상속 자녀는 미성년자인 14세까지 후견인 아래에 있었고, 25세까지도 어느 정도 청지기의 통제를 받았다. 자기 몫의 재산에 대한 독립적 전권은 그 나이가 지나서야 행사할 수 있었다.

---

29 너희가 그리스도의 것이면 곧 아브라함의 자손이요 약속대로 유업을 이을 자니라

자녀가 '종과 다름이 없다'는 말은 무슨 뜻인가(1절)? 바울의 예화는 세 가지 차원에서 우리에게 영적으로 적용된다. 주석가에 따라 각기 다른 차원을 선택하곤 하지만, 내가 보기에는 셋 다 본문에 암시되어 있다.

첫째, 이 예화는 다음 사실을 보여 준다. 모세가 지도하던 당시의 하나님 백성은 시내 산에서 그분과 언약을 맺을 때 영적 자유를 약속받았으나, 아직 이를 소유하고 누리지는 못했다. 소수의 예외를 제외하고는 모세 언약 아래의 사람들은 약속된 친밀함과 자유를 경험하지 못했다. 용서의 방법과 확신이 막연하고 모호했기 때문이다(참조, 히 10:1-4).

둘째, 이는 모든 인간의 초상이다. "이와 같이 우리도 어렸을 때에 이 세상의 초등학문 아래에 있어서 종노릇하였더니"(갈 4:3). 초등학문이 무슨 뜻인지는 바울이 8-11절에 더 자세히 설명한다(다음 장을 참조하라). 어쨌든 갈라디아 교인들은 대부분 유대인이 아니었으므로, 틀림없이 바울의 말은 그리스도께로 오기 전에는 모든 인간이 영적 '종'이었다는 뜻이다. 성경이나 모세를 들어 본 적이 없더라도 우리는 다 어떤 의미에서 '율법 아래'에 있다. 왜 그런가? 누구나 어떤 기준에 맞추어 살려고 필사적으로 애쓰기 때문이다. 우리는 불안하고 짐에 눌려 있다. 신과의 관계는 멀거나 아예 없다.

4:1 내가 또 말하노니 유업을 이을 자가 모든 것의 주인이나 어렸을 동안에는 종과 다름이 없어서 2 그 아버지가 정한 때까지 후견인과 청지기 아래에 있나니

마지막 셋째, 이 예화는 그리스도인이 구원의 자유와 기쁨을 어느 정도 누리지 못할 수도 있음을 보여 준다. 그리스도인은 하나님께 입양된 아들인데도 계속 하루하루를 종처럼 살아갈 수 있다. 8, 9절과 5장 1절에도 바울은 이 문제를 다시 언급한다. 우리는 복음 안에서 풍요로우며 하나님의 양자로서 전혀 막힘없이 아버지께 직접 나아갈 수 있다. 그런데도 자신의 실적과 도덕적 공로를 통해서만 그분을 대하는 상태로 되돌아갈 수 있다. 마치 이미 받은 선물을 상대에게 돌려 주고는 다시 얻어 내려고 발버둥치는 것과 같다.

종노릇은 우리의 타고난 상태다. 그런데 이제부터 바울은 사람이 성년에 이르는 법과 성년을 누리는 법을 차례로 소개한다.

:: 그 아들이 이루신 일

"때가 차매"(4:4) - 역사의 때가 이르고 또 각자 경험할 시점이 되매 - "하나님이 그 아들을 보내사." 이 아들이 우리를 성년에 이르게 하신다. 그 일을 그분은 어떻게 하시는가?

첫째, "율법 아래에 있는 자들을 속량하"여(5절) 모든 형벌 내지 빚을 제하신다. 어떤 의미에서 우리는 율법에 속해 있다. 율법의 지배 아래에 있는 율법의 종이다. 율법을 지킬 의무

---

3 이와 같이 우리도 어렸을 때에 이 세상의 초등학문 아래에 있어서 종 노릇 하였더니

는 있는데 지킬 능력은 없다.

그래서 하나님은 그 아들을 보내시되, 진정한 인간으로 "여자에게서 나게 하시고"(4절) 율법 아래에 보내셨다. 모든 인간처럼 예수님도 태어나실 때부터 하나님의 율법을 지킬 의무가 있었다. 그런데 독특하게도 그분은 "율법 아래에 있는 자들을 속량하"실 능력도 있다. 3장 13절에 쓰인 '속량하다'라는 단어가 여기에도 똑같이 쓰였다. 이 말은 노예의 적정가를 치러 주인에게서 노예를 해방시킨다는 뜻이다. 여기서 노예의 주인은 율법이다. 예수님은 율법을 상대로 우리의 적정가를 지불하여, 율법이 우리에게 요구하는 바를 완전히 다 충족시키신다. 그래서 능히 우리를 율법으로부터 해방시키신다.

둘째, 예수님은 우리에게 '아들의 명분'을 주신다(5절). 역본에 따라 '아들의 모든 권리'(NIV)나 '아들로 입양함'(RSV)으로 표현되기도 한다. 원어로는 한 단어인데 그 의미를 그렇게 전달하려 했다. 직역하면 우리는 그리스도를 통해 '아들 자격'을 부여 받는다. 이는 법률 용어다. 그리스와 로마 세계에서 자식이 없는 부유층 남자는 종 가운데 하나를 골라 입양할 수 있었다. 그 종은 입양되는 순간부터 종이 아니라 아들이자 상속자로서 집안과 바깥세상에서 모든 재정적, 법적 특권을 받았

---

4 때가 차매 하나님이 그 아들을 보내사 여자에게서 나게 하시고 율법 아래에 나게 하신 것은 5 율법 아래에 있는 자들을 속량하시고 우리로 아들의 명분을 얻게 하려 하심이라

다. 태생은 종이라서 아버지와 아무런 연고도 없으나 아들로
서 법적 지위를 받는다. 특권을 입은 새로운 인생이 된 것이다.
이는 예수님이 우리에게 무엇을 주셨는지를 아주 잘 보여 주
는 예이다.

그러므로 하나님이 아들을 보내 무슨 일을 하게 하셨는
지 알려면, 고대의 노예 시장으로 거슬러 올라가서 속량을 이
해해야 하고, 또 고대의 부유층 집안으로 가서 아들이라는 신
분의 개념을 파악해야 한다. 이 둘을 합해야만 그리스도께서
우리를 위해 이루신 일을 온전히 알 수 있다.

그런데 우리는 구원을 전자의 의미로만 보고 후자는 자
주 잊는다. 실제로 그런 경우가 비일비재하다. 그러면 우리 죄
만 그분께 전가되고 아들이신 그분의 권리와 특권은 우리에게
전가되지 않게 된다. 그렇게 생각하는 사람은 '은혜로 반쪽짜
리 구원'만 받은 셈이다. 용서는 받았지만 이제부터 착하게 살
아서 하나님의 은총과 보상을 얻고 유지해야 한다. 하지만 바
울이 갈라디아 교인들과 우리에게 보여 주듯이, 그리스도는
우리 몫의 저주를 제하셨을 뿐 아니라(3:13, 4:5) 또한 그분 몫의
복을 우리에게 주신다(3:14, 4:5). 하나님의 존중과 보상은 우리
가 받은 용서만큼이나 확실히 보장되어 있다.

비유를 달리해 보자면, 예수님의 구원은 사형수가 사면
받아 감방에서 풀려나는 정도가 아니다. 거기서 끝난다면 자유
의 몸은 되겠지만 이제부터 혼자 힘으로 세상을 헤쳐 나가야

한다. 조금이라도 성공하려면 자신의 노력에 의지해야 한다.

그러나 알고 보면 예수님은 복음을 통해 우리를 사형수 감방에서 석방하신 뒤, 목에 명예 훈장까지 걸어 주셨다. 우리는 영웅으로 영접받고 환대받는다. 마치 위대한 공을 세운 사람처럼 말이다.

이 사실을 기억하지 않는 한 우리는 죄를 짓거나 실패하면 불안하다 못해 절망에 빠질 것이다. 과거가 백지처럼 깨끗해졌어도 앞으로 선행으로 지면을 채워야만 하나님의 사랑과 수용을 받는다고 생각할 것이다. 5절을 앞부분 절반만 기억하면 우리는 바로 그 상태로 남는다. 하지만 우리는 백지처럼 깨끗해졌을 뿐 아니라 예수님이 그 위에 그분의 의를 써 넣으셨다. 우리의 유산은 실적으로 타 내는 포상이 아니라 그리스도께 거저 받는 선물이다.

:: 성령님께서 하시는 일

6절의 "하나님이 그 아들의 영을 보내사"는 4절의 "하나님이 그 아들을 보내사"와 대구를 이룬다. 그 아들의 목적은 아들이라는 우리의 법적 신분을 확보하시는 데 있었다. 반면에 성령의 목적은 그 신분을 실제로 경험하게 하시는 데 있다.

---

6 너희가 아들이므로 하나님이 그 아들의 영을 우리 마음 가운데 보내사 아빠 아버지라 부르게 하셨느니라

이는 아들이 이루신 일과는 다르다. 아들이 이루신 일은 우리에게 법적 지위를 가져다 준다. 이는 객관적인 지위라서 우리의 감정과 무관하게 우리 것이다. 하지만 성령님께서 하시는 일은 전혀 다르다. 성령님은 우리에게 지극히 주관적인 경험을 가져다 주신다. 그 경험의 표지와 특징은 무엇인가?

첫째, 성령님은 우리를 인도하여 '아빠 아버지'라 부르게 하신다. 헬라어로 크라존(krazon)은 가슴이 터질 듯 큰 소리로 부르짖는다는 뜻의 매우 강경한 단어다. 깊은 감정과 사무친 격정을 가리킨다.

둘째, 여기 '부르게'는 우리의 기도 생활을 가리킨다. 아이가 부모에게 말할 때 미리 준비하지 않듯이, 성령님의 이런 역사를 경험하는 그리스도인은 기도가 매우 자연스럽고 생생해진다. 이제 기도는 기계적이거나 형식적이지 않고 따뜻함과 열정과 자유로 충만해진다.

셋째, '부르게'라는 말에는 하나님의 임재를 실제로 느낀다는 어감이 서려 있다. 아이가 문제나 질문이 있을 때 옆에 있는 아빠를 자동으로 부르듯이, 성령님의 이런 역사를 경험하는 그리스도인에게는 하나님이 놀랍도록 생생하고 가깝게 느껴진다.

넷째, 아람어 '아빠'는 우리말 '아빠'와 같은 뜻으로, 상대의 사랑과 수용에 대한 깊은 확신을 나타낸다. 어린아이는 당연히 부모가 자기를 사랑하여 늘 곁에 있어 줄 것으로 알며,

아빠의 강하고 든든하고 활짝 벌린 팔을 결코 의심하지 않는다. 마찬가지로 그리스도인도 하나님이 자신을 끝없이 사랑하심을 더할 나위 없이 담대하게 확신할 수 있다.

아들이 이루신 일은 바깥에 있어, 이를 받아들이고도 우리에게 감정이 없을 수 있다. 그러나 성령님의 일은 우리 안에서 이루어져, 지적으로는 물론 정서적으로도 아버지의 사랑에 완전히 감화되게 한다. 아들 예수님의 일과 성령님의 일을 분리시키거나 하나가 다른 하나에 잠식되게 해서는 안 된다. 성령 충만을 경험하려면 그 아들의 사랑을 묵상해야 하고, 아들이 주신 선물을 누리려면 성령님의 인도하심에 의지해야 한다.

:: 아들 신분의 특권

아들의 권리는 무엇인가? 우리는 "아들이므로"(6절) 앞 단락에 보았듯이 친밀한 관계를 누린다. 나아가 재산에 대한 권한도 받는다.

아들 신분이 되었기에 우리는 다 "유업을 받을 자"다(7절). 종이 아들로 입양되던 이유는 오직 아버지에게 상속자가 없었기 때문일 것이다. 그래서 바울의 예화 속 인물은 아버지의 전 재산을 받을 법적 권리가 있다. 외아들이 되었기 때문이다.

그래서 하나님의 자녀는 날마다 담대하고 확신에 차 있

다. 우리 아버지가 주인이시니 우리는 그 무엇도, 누구도 두려울 게 없다. 하나님은 독생자 예수님을 존중하시듯 우리를 존중해 주신다. 그래서 우리는 고개를 꼿꼿이 들고 살아간다. 우리 인간의 불순종은 다분히 어떤 성취를 놓치거나 인정을 잃을 것에 대한 두려움에서 비롯되는데, 아들의 신분이 그런 두려움을 몰아낸다.

게다가 우리에게는 하나님의 영광에 동참할 미래가 보장되어 있다. 이제 하나님은 우리를 대하실 때 마치 예수님이 이루신 일을 우리가 다 해낸 것처럼 대하신다. 그게 아들 신분의 놀라운 결과다. 우리도 예수처럼 다 '독생자' 같은 대우를 받는다. 예수님도 자신의 사람들을 위해 기도하실 때 친히 이렇게 말씀하셨다. "아버지여 아버지께서 나를 보내신 것과 또 나를 사랑하심 같이 그들도 사랑하신 것을 세상으로 알게 하려 함이로소이다. 아버지여, 내게 주신 자도 나 있는 곳에 나와 함께 있[게] 하시기를 원하옵나이다"(요 17:21, 23-24절).

사실 '아빠'라는 말 속에 이 모두가 함축되어 있다(갈 4:6). 갈라디아 사람들은 팔레스타인의 공용어였던 아람어를 몰랐을 것이다. 그런데 왜 바울은 헬라어를 쓰던 그들에게 보낸 편지에 이 아람어 단어를 사용한 것일까?

예수 그리스도께서 아버지께 말씀하실 때 그 단어를 쓰

---

7 그러므로 네가 이 후로는 종이 아니요 아들이니 아들이면 하나님으로 말미암아 유업을 받을 자니라

셨기 때문이다(막 14:36). 이는 전능하신 여호와를 부르기에는 대담할 정도로 친근한 용어였다. 따라서 우리도 이 단어를 써야 한다는 바울의 말은 우리가 예수님의 모든 권리를 법적으로 물려 받았다는 생생한 단언이다. 우리는 마치 예수님처럼 아름답고 용감하고 신실한 존재인 냥 하나님께 나아갈 수 있다. 그분의 것은 다 우리 것이다. 그래서 아들의 신분을 더 깊이 경험하기 위해 우리가 취할 수 있는 두 가지 구체적 조치가 있다.

첫째, 따로 충분히 시간을 내서 아들 예수님이 이루신 일을 공부해야 한다. 성령님께 이를 실감나게 조명해 달라고 기도해야 한다. 4-5절과 6-7절의 밀접한 관계로 보아 우리는 성경을 묵상할 줄 알아야 한다. 기도를 공부로, 공부를 기도로 연결시킬 줄 알아야 한다.

둘째, 하루 중에 수시로 자연스럽게 아버지를 불러야 한다. 다시 말해서 하루의 모든 순간순간에 아버지의 사랑을 기억해야 한다. 매순간 이렇게 자문할 줄 알아야 한다. "지금 나는 하나님을 두려워하는 종처럼 행하고 있는가, 아니면 아버지의 사랑을 확신하는 자녀답게 행하고 있는가?"

우리가 '아빠 아버지'를 부르며 살면 성령님께서 역사하여 '우리가 하나님의 자녀'인 것과 '그리스도와 함께한 상속자'임을 확신시켜 주신다(롬 8:16-17). 덕분에 삶을 바꾸어 놓는 확신이 우리 마음에 넘쳐흐른다.

08

●

종노릇하는 습관을 끊어버리라

갈 4:8-20

그런즉 내가 너희에게
참된 말을 하므로
원수가 되었느냐

이번 본문은 우리 앞에 두 가지 대비를 제시한다. 하나는 복음 신앙과 세상적 종교의 대비다(8-11절). 이는 이 서신 전체에서 가장 중요하고 놀라운 통찰 중 하나다. 또 하나는 복음 사역과 세상적 사역의 대비다(12-20절). 이는 복음이 대인관계에 실제로 어떤 영향을 미치는지를 깨우쳐 준다.

이런 대비를 이해하고 우리 삶 안팎에서 알아볼 줄 아는 게 중요하다. 갈라디아 교인들은 그러지 못했기에 바울은 그들을 보며 '두려워'했고 '너희에 대하여 의혹이 있'었다(11, 20절).

::: 우상이 된 성경

다수의 갈라디아 그리스도인은 한때 신전에서 우상을 숭배했고, 그런 신앙에 수반되는 방종하고 부도덕한 생활방식대로 살았다. 그런데 잘 생각하지 않으면, 8-11절은 그들에게 그런 이교의 우상 숭배로 돌아가지 말라는 경고처럼 보인다. 하나님을 알기 전에는 "본질상 하나님이 아닌 자들에게 종노릇" 했던 그들이 아니던가(8절). 그래서 바울은 "이제는 너희가 … 돌아가서 다시 그들에게 종노릇하려 하느냐"고 했다(9절).

그러나 알다시피 갈라디아서의 요지는 성경을 율법주의로 대하지 말라는 경고다. 거짓 교사들은 갈라디아 그리스도인들에게, 이교 시절에 그랬듯이 하나님의 율법을 무시하라고 부추기지 않았다. 오히려 그들은 의롭다 함을 얻고 하나님을 기쁘시게 하려면 구약의 모세 율법을 전부 지켜야 한다고 부추겼다(2:14-16).

그래서 바울은 성경의 꼼꼼한 도덕과 신앙을 통해 얻어내려는 자력 구원도 노골적인 이교와 그 모든 부도덕한 실천 못지않게 우상에게 종노릇하는 일이라고 말한다. 결국 종교적인 사람도 신앙이 없는 사람만큼이나 잃어지고 예속된 상태

8 그러나 너희가 그때에는 하나님을 알지 못하여 본질상 하나님이 아닌 자들에게 종노릇 하였더니 9 이제는 너희가 하나님을 알 뿐 아니라 더욱이 하나님이 아신 바 되었거늘 어찌하여 다시 약하고 천박한 초등학문으로 돌아가서 다시 그들에게 종 노릇 하려 하느냐 10 너희가 날과 달과 절기와 해를 삼가 지키니 11 내가 너희를 위하여 수고한 것이 헛될까 두려워하노라

다. 왜 그런가? 방법만 다를 뿐 양쪽 다 자신이 구원자가 되려하기 때문이다. 양쪽 다 기초가 '이 세상의 초등학문'(스토이케이아 투 코스무, stoicheia tou cosmou)에 있다(3절). 9절에 바울은 이 초등학문을 '약하고 천박'하다고 표현했다.

"초등학문"으로 번역된 말은 무슨 뜻인가? 대개 고대 헬라어에서 이 단어는 자연을 구성하는 가시적 물질 세계의 요소인 불, 물, 공기, 흙을 지칭했다. 아울러 영적 세력 내지는 신이 배후에서 그런 요소를 통해 활동하여 사람들의 삶과 운명을 통제한다는 이교의 신념을 지칭할 때도 많았다. 그래서 사람들은 그런 존재를 숭배하며 비위를 맞추어야 했다. 예를 들어 농부는 날씨의 신에게, 연인은 미모의 신에게 제사하는 식이었다.

고린도전서 8장 4절과 10장 19절에 바울은 참 하나님 외에는 신이 없다고 단언했다. 제우스와 아폴로와 포세이돈은 존재하지 않는다. 그런데 바로 뒤에 "무릇 이방인이 제사하는 것은 귀신에게 하는 것이요"(고전 10:20)라는 말이 이어진다. 그는 갈라디아 교인들도 자칫 '본질상 하나님이 아닌' 것들에게 돌아가 종노릇할 수 있다고 경고한다(갈 4:8). 왜 그런가? 다른 신이야 존재하지 않지만, 그래도 우리는 악한 영적 세력의 노예가 될 수 있기 때문이다. 예수 그리스도 이외에 다른 무엇을 숭배하면 그렇게 된다.

세상의 초등학문이란 곧 우리 스스로 구원해야 한다는

원리다. 사람은 자신을 채워 주고 살게 하는 것을 숭배하게 마련이다. 그래서 바울은 우리가 돈, 섹스, 산(山) 등 온갖 초등의 것들을 신으로 대하고 숭배하며 신앙의 기초로 삼을 수 있다고 말한다. 숭배의 대상이 무엇이든 우리는 그것의 종이 된다.

예컨대 재물을 얻는 데 최고의 소망을 둔다면 우리는 재물에 지배당하는 종이 된다. 완전히 돈의 위력에 놀아난다. 돈이 잘 모아지지 않으면 참담해지고, 돈이 충분히 생겨도 만족을 얻지 못하고 더 얻으려 한다. 신 아닌 것을 신처럼 대하면 영적으로 그것의 노예가 된다.

행위 구원에 의지하는 게 어떻게 거짓 신에게 종노릇하는 일이 되는가? 행위를 통해 구원을 얻어 내고자 우리가 선택할 수 있는 방법은 무궁무진하다. 본인은 전혀 행위 구원이라 생각하지 않을지라도 말이다. 성취, 도덕, 신앙, 가족을 위한 봉사 등 무슨 방법을 선택하든 그것이 우리의 구주와 신으로 둔갑한다. 행위를 통한 의는 언제나 우상을 낳는다. 다만 거기서 생겨나는 거짓 구주 - 교회 출석, 남을 돕는 사역, 성경 읽기 등 - 를 우리가 흔히 우상이라 생각하지 않을 뿐이다.

바울이 강조한 '종노릇'의 위력이 우리에게 느껴져야 한다. 행복이나 가치의 조건이 예수 그리스도 외에 다른 무엇이라면, 바로 그것이 우리의 주인이 된다. 복음이 없다면 우리는 우상의 종이 될 수밖에 없다.

예수님이 누가복음 15장에서 말씀하신 두 형제의 이야기가 아주 좋은 예다. 어떤 아버지에게 아주 부도덕한 탕자인 둘째아들과 아주 도덕적인 맏아들이 있었다. 둘 다 아버지의 재산만 넘겨받고 싶었을 뿐 아버지를 원하지는 않았다. 둘 다 아버지의 속마음과는 거리가 멀었다. 그런데 결국 부도덕한 아들은 회개하고 아버지에게 속하지만 도덕적인 아들은 분노하여 바깥에 남는다.

굳이 말하자면 신앙의 우상과 예속이 불신앙의 우상과 예속보다 더 위험하다. 전자는 모호한 모양새를 취하기 때문이다. 신앙이 없는 사람은 자신이 신으로부터 멀어져 있음을 알지만 종교적인 사람은 모른다.

그래서 바울은 갈라디아 교인들 때문에 두려워했다. 그들이 '날과 달과 절기와 해'에 집착하기 때문이다(10절). 그들은 구약의 모든 절기와 의식을 조목조목 경건하게 지키고 있었다. '하나님이 아닌' 것들에 대한 이 새로운 예속은 이전의 예속보다 더 나쁘다. 자신들이 아버지로부터 멀어져 있음을 모르기 때문이다.

:: 하나님께서 아신 바 되었다는 확신

자칫 간과하기 쉽지만 9절에 바울은 갈라디아 교인들에게 아버지와의 바른 관계를 새삼 가리켜 보인다. 비인격적이고 존재하지도 않는 우상의 종노릇(8절)을 그는 참 하나님을 친밀하게 아는 관계와 비교한다. 그런데 도중에 자신의 말을 고치는 것 같다. "이제는 너희가 하나님을 알거늘 … 아니 그보다 하나님이 아신 바 되었거늘"(9절, NIV).

그들이 하나님을 모른다는 말이 아니다. 누구든지 영생을 얻은 사람은 하나님을 안다(요 17:3). 그들이 "그리스도로 옷 입었"다는 사실에도 바울은 이의가 없다(갈 3:27). '그보다'라는 말은 '더 중요하게'라는 뜻일 것이다(개역개정에는 '더욱이'로 되어 있다-역자 주). 바울의 말은 이런 것이다. "하나님을 알고 더 중요하게 그분께 아신 바 되었으면서, 어떻게 너희가 우상에게로 돌아갈 수 있느냐."

우리가 하나님을 알아서가 아닌 그분이 우리를 아시기에 우리는 그리스도인이 되었다. 성경에서 '알다'라는 단어는 지적인 인식 이상의 의미다. 누군가를 안다는 것은 그 사람과의 인격적 관계에 들어간다는 뜻이다. 그래서 바울은 "너희를 정말 그리스도인 되게 하는 것은 하나님을 향한 너희의 존중과 사랑이라기보다 너희를 향한 그분의 존중과 사랑이다"라고 말한다.

고린도전서 8장 3절에 그는 누구든지 하나님을 사랑하면 이는 그분이 그 사람을 아시기 때문이라고 했다. 즉 그분이 먼저 예수 그리스도 안에서 우리를 사랑하셨다. 하나님을 아는 우리의 지식은 여러 요인에 따라 들쭉날쭉하지만, 우리를 아시는 하나님의 지식은 절대적으로 확고부동하다.

이것이 왜 우상 숭배를 퇴치하는 해법이 되는가? 리처드 러블레이스(Richard Lovelace)는 그 이유를 이렇게 말했다.

> "하나님이 예수 안에서 자신을 사랑하심을 당장의 영적 성취를 떠나서는 더는 확신하지 못하는 그리스도인이 있다면, 그는 무의식적으로 한없이 불안한 사람이다. 든든한 마음이 오히려 비신자보다도 훨씬 덜하다. 하나님의 거룩하심과 자신의 당위적 의에 대한 메시지를 기독교적 환경에서 끊임없이 받기 때문이다. 이런 불안은 교만, 자신의 의를 내세우는 격한 변호, 남을 향한 방어적 비판 등으로 나타난다. 그는 바리새인처럼 율법적 의에 필사적으로 매달리지만, 근원적 불안에서 시기와 질투와 기타 죄가 흘러나온다." - 《영적 삶의 역동》

이렇듯 우리가 우상을 만드는 이유는 하나님께 받아들여지지 못할지도 모른다는 불안 때문이다. 우리는 그리스도 안에서 나를 아시는 그분을 보는 게 아니라, 그분을 아는 얄팍하고 쉽게 변하는 지식을 본다. 우리는 우상을 이용하여 긍정적 자아상을 구축하려고 안간힘을 쓴다. 하지만 바울이 일깨우는 복음을 보면 우리는 하나님 앞에 아름답거나 사랑스러워질 필요가 없다. 그분은 이미 우리를 잘 아신다. 그러므로 우리는 남의 인정이나 스스로의 인정을 우상으로 삼을 필요가 없다.

고린도전서 4장 3-4절에 그것이 단적으로 표현되어 있다. 바울은 자신에 대한 남들의 평가에는 물론 스스로의 평가에도 신경 쓰지 않는다고 했다. 자신에 대한 하나님의 평가와 판단이 중요하다는 것이다.

그런데 갈라디아서 전체의 주제는 하나님이 예수 그리스도 안에서 우리를 의롭다고 판단하셨다는 것이다. 그분은 우리를 온전히 흠 없고 의롭게 여기신다. 그러므로 갈라디아서와 고린도전서 4장을 종합하면, 바울은 자신을 이렇게 본다는 말이 된다. "하나님이 나를 아시며, 나를 보실 때 그리스도를 보신다. 그래서 나는 남이나 심지어 나 자신이 나를 어떻게 생각하든 신경 쓰지 않는다."

그리스도인의 확신에 핵심이 되는 큰 기초는 하나님을 향한 우리의 일심이 아니라 우리를 향한 그분의 요지부동의 일심에 있다. '하나님이 아신 바' 된 자신임을 조금씩 깨달으면, 우리는 행위로 자아상을 세우거나 그분 앞에서 입지를 다지려 하지 않는다. 우상을 일체 숭배하지 않는다. 그냥 그분을 사랑한다. 우리를 아시는 그분을 말이다.

그것을 어떻게 깨달을 것인가? 19세기의 중국 선교사 허드슨 테일러는 매일 일기장에 끼워 두던 종잇조각이 있었다. 하루 중에 무슨 일을 하든 그는 늘 거기 적힌 이 말을 읽곤 했다.

주 예수여, 저에게 환히 살아 있는 실체가 되어 주소서.

바깥의 어떤 물체보다도 더 또렷하게 믿음의 눈앞에 임
재하소서.

세상 최고의 인연보다도 더 소중하고 친근하게 가까이
하소서.

예수님을 알고 그분이 나를 아심을 안다면, 우리는 그분
을 즐거워한다. 우리를 지배하려는 모든 우상을 물리친다.

:: 복음 사역

바울은 사역에 혼신을 다한 사람이다. 서신의 첫 두 장에
는 그가 갈라디아에 가기 이전의 시절이 자전적으로 기술되었
지만, 4장 12-20절에서는 그가 그곳에 교회를 개척하게 된 경
위를 엿볼 수 있다. 바울이 회상한 그 시절에만 해도 갈라디아
에 그의 복음 사역이 꽃을 피웠고, 그곳의 새로 믿은 그리스도
인들과의 관계도 건강했다. 따라서 오늘 우리의 정황 속에서
복음 사역에 대해 그리고 관계에 대해 배울 수 있는 내용이 여
기에 많이 들어 있다.

첫째, 복음 사역은 문화적으로 유연하다. "내가 너희와
같이 되었은즉"(12절). 복음을 원동력으로 한 사역은 복음 자체
만 제외하고는 무엇이든 융통성 있게 맞출 수 있다. 어느 특정
한 문화나 관습에 얽매이지 않는다. 이 사역의 지도자들은 복

음을 전하려는 대상에게 다가가 그 사람들과 함께 참으로 어울려 살 수 있다. 그들의 방식에 따르며 그들을 사랑할 수 있어야 했다.

행위를 통해 의를 이루려는 율법주의적 사고방식은 융통성 없이 소소한 데까지 집착하는 특성이 있다. 이런 사람은 회심자들의 복장과 행동이 자기와 같기를 원한다. 반대로 바울은 복음을 전하려는 대상에게 다가가 참으로 그들의 삶 속에 들어가는 모범을 보였다.

그는 그들을 인격적으로 알아 갔을 뿐 아니라 그들과 함께 살고, 먹고, 놀고, 말하고, 걸었다. 자신의 세계와 다른데도 그들의 세계를 배우고 인정하며 그 속에서 살았다. 그들의 의문과 문제와 희망과 두려움과 감성 속으로 최대한 깊이 들어갔고, 자신의 삶과 말과 메시지를 그들에게 맞추었다. 물론 복음 자체는 그대로 두면서 말이다.

둘째, 복음 사역은 투명하다. "너희도 나와 같이 되기를 구하노라"(12절). 바울은 속마음을 어찌나 솔직히 열어 보이고 삶에 어찌나 일관성이 있었던지, 갈라디아 교인들에게 자신을 본받으라고 권할 수 있었다.

사람들에게 그리스도의 진리를 설득할 때 말로는 충분하지 않다(어쩌면 말이 가장 중요한 요소도 아니다). 사람들은 우리 마음

---

12 형제들아 내가 너희와 같이 되었은즉 너희도 나와 같이 되기를 구하노라 너희가 내게 해롭게 하지 아니하였느니라

과 삶을 들여다보며 우리가 난관에 어떻게 대처하고, 실망과 장애물을 어떻게 이겨내고, 관계를 어떻게 이끌어 가고, 평소에 어떻게 느끼고 행동하는지를 평가할 수 있다. 그래야 그리스도가 과연 명실상부한 존재인지 그리고 복음이 인간의 일상생활에 어떤 영향을 미치는지 볼 수 있다. 대체로 우리가 신앙을 갖게 되는 주된 통로는 논쟁과 정보와 책이 아니다. 부족하지만 정직하고 기쁨과 사랑이 있는 그리스도인들과의 관계성에 있다.

이는 교만이 아니다. 바울이 만일 자신은 '너희와 같이 되'지 않고 그들에게만 '나와 같이 되'라고 했다면 이는 교만의 소치일 것이다. 하지만 그는 그들에게 자기처럼 올바르라고 한 게 아니라 자기처럼 기뻐하라고 권면했다.

셋째, 복음 사역은 고난 속에서도 기회를 모색한다. 문제가 가능성으로 변한다. 그는 갈라디아 교인들에게 "내가 처음에 육체의 약함으로 말미암아 너희에게 복음을 전한 것"을 상기시킨다(13절). 필시 이는 그가 갈라디아에 간 게 계획된 일정이 아니라 우회나 지체 때문이었다는 뜻이다. 어느 경우였든 본래는 그들에게 복음을 전할 계획이 없었는데 몸의 병 때문에 그리되었다.

여기서 잠시 덧붙여 설명해 보겠다. 기독교의 가르침 중 가장 도전적이고 난감한 주제 중 하나에 부딪쳤기 때문이다. 바로 하나님이 그리스도인의 삶 속에 세상의 고난과 역경을 허락하신다는 사실이다. 로마서 8장 28절에는 "하나님을 사랑하는 자들에게는 모든 것이 합력하여 선을 이루느니라"고 단언되어 있다. 본문의 경우 하나님이 바울에게 고통스러운 발병을 허락하셨기 때문에 수많은 사람의 삶이 변화되었다. 아울러 여기서 우리는 하나님이 고난을 통해서라도 엄청난 선을 이루시고자, 멀쩡한 계획을 무산시키신 사례도 볼 수 있다.

하나님은 그리스도인에게 복을 주시되 고난을 없애서가 아니라 고난을 통해서 주시기로 약속하셨다. 예수님이 고난당하신 목적은 우리로 고난을 면케 하시기 위해서가 아니라 고난 속에서 그분을 닮게 하시기 위해서다.

하나님은 우리의 고난을 통해 선을 이루신다. 이 '선'은 환경으로 나타날 때도 있다. 바울은 질병 덕분에 많은 친구를 새로 사귀었고 갈라디아에서 사역에 성공했다. 그러나 하나님이 이루시는 선은 우리의 성품으로 나타날 때도 있다.

고린도후서 12장 7-10절에는 바울이 말하는 크고 고통스러운 정체불명의 '가시'가 나온다. 거듭되는 기도에도 하나

---

13 내가 처음에 육체의 약함으로 말미암아 너희에게 복음을 전한 것을 너희가 아는 바라

님은 이를 없애 주지 않으셨다. 그래도 바울은 이 가시에 선한 목적이 있었다고 말한다. 자신을 겸손하고("너무 자만하지 않게 하시려고," 7절) 강건하게("그리스도의 능력이 내게 머물게 하려 함이라," 9절) 해 주었기 때문이다.

원인이 무엇이었든 그 쓰라린 고통과 연약한 심정 덕분에 바울은 은혜만으로 충분함을 깨닫고 은혜에 더 깊이 의존하게 되었다(9절). "내 은혜가 네게 족하도다." 그를 향한 그분의 사랑이 과분하다는 뜻이다.

아울러 이는 사역이 인간의 계획대로만 되는 게 아님도 여실히 일깨워 준다. 바울의 전략 기획에는 갈라디아가 대상 지역이 아니었으나 하나님은 그를 거기로 인도하셨다. 그렇다고 이 본문에서 모든 전략 기획이 잘못된 일이라고 추론해서는 안 된다. 바울은 그때부터 회개하고 선교 여행의 계획을 중단한 게 아니다. 알다시피 예컨대 그는 지역 복음화의 일환으로 계속 각 지역의 가장 큰 도시를 과녁으로 삼았다.

우리도 지혜롭게 계획을 세워야 한다. 시간과 자원의 청지기가 되어, 최선의 열매가 맺힐 수 있도록 계획성 있게 사용해야 한다. 그러나 본문의 분명한 가르침처럼, 우리도 매우 유연한 자세로 기꺼이 하나님께 우리의 계획을 대폭 수정하시게 해 드려야 한다. 특정한 사람들을 대상으로 성경 공부를 시작했는데 막상 참석한 사람들은 전혀 다른 부류일 수 있다. 어떤 행사를 광고했는데 막상 삶이 변화된 사람들은 대부분 신기한

인연 때문에 왔거나 생판 모르는 사람과의 아주 우연한 대화
가 계기가 되었을 수 있다.

하나님이 실수와 재난과 문제와 무산된 계획을 통해 자
신이나 주변 사람의 삶 속에 역사하신 개인적 사례는 누구에
게나 있다. 대개 그런 경우가 우리의 치밀한 행동과 목표를 통
해서 역사하신 경우보다 훨씬 많다.

:: 거짓 사역자의 영향 아래 놓인 결과

갈라디아 교인들은 처음에 바울을 아주 따뜻하게 맞이했
다. 아마도 질병 때문에 그의 외관이 흉해서, 얼마든지 그를 업
신여기거나 버릴 수도 있었다. 그런데 그들은 그를 "하나님의
천사와 같이 또는 그리스도 예수와 같이" 영접했다(갈 4:14). 하
지만 이제 사뭇 달라졌다. 바울로 인한 그들의 기쁨과 만족은
사라졌다. "너희의 복[기쁨]이 지금 어디 있느냐"(15절).

이제 그들은 바울을 적으로 보기 시작했다. "내가 … 원
수가 되었느냐"(16절)는 그의 말로 미루어 이미 그를 적으로 대
하고 있음을 알 수 있다. 이 서신의 논점인 믿음과 선행의 교
리 때문에 관계가 소원해졌다. 바울이 그들에게 '참된 말'을 하

---

14 너희를 시험하는 것이 내 육체에 있으되 이것을 너희가 업신여기지도 아니하며 버
리지도 아니하고 오직 나를 하나님의 천사와 같이 또는 그리스도 예수와 같이 영접하
였도다 15 너희의 복이 지금 어디 있느냐 내가 너희에게 증언하노니 너희가 할 수만
있었더라면 너희의 눈이라도 빼어 나에게 주었으리라

자 바울을 향한 그들의 시선이 싸늘하게 식었다.

바울은 왜 12-16절을 포함시켰을까? 자신의 메시지나 사역은 변하지 않았는데 자신을 향한 갈라디아교회의 반응은 변했음을 보이기 위해서다. 이는 그들이 거짓 사역자들의 영향 아래에 놓인 결과였다. 그 사역자들은 목표와 방법이 아주 달랐기 때문에 메시지도 바울과는 전혀 달랐다.

:: 사역의 서로 다른 목표

거짓 교사들의 목표는 "너희로 그들에게 대하여 열심을 내게 하려 함"이었다(17절). 이 번역에는 바울이 쓴 문장의 뉘앙스가 일부 빠져 있다. "너희에게 대하여 열심 내는"이란 문구의 원어 동사를 직역하면 '높이다'나 심지어 '부풀리다'라는 뜻이다. 따라서 이렇게 번역하는 게 더 좋다. "그들이 아첨하여 너희를 치켜세우는 것은 너희로 아첨하여 그들을 치켜세우게 하려 함이라."

복음을 원동력으로 한 사역에는 지도자에게 정서적으로 의존할 팬들이 필요하지 않다. 이 사역은 믿음으로 말미암는 구원을 확신하기에, 하나님을 기쁘시게 하려 한다. 반면에

---

16 그런즉 내가 너희에게 참된 말을 하므로 원수가 되었느냐 17 그들이 너희에게 대하여 열심 내는 것은 좋은 뜻이 아니요 오직 너희를 이간시켜 너희로 그들에게 대하여 열심을 내게 하려 함이라

본문의 거짓 교사들은 구원을 확신했기 때문이 아니라 구원을 얻어 내고 확신하기 위해서 사역했다. 갈라디아 교인들에게 행위로 구원을 얻으라고 시켰듯이, 자신들도 행위로 구원을 얻으려 했다. 바로 사역을 통한 구원이다.

즉, 그들의 정서로는 자신에게 정서적으로 의존할 사람들이 필요했다. 지도자인 자신에게 푹 파묻혀 복종하고 떠받드는 회심자들과 제자들이 필요했다. 그래야만 자신이 착하고 훌륭한 신자이며, 정말 하나님의 복과 은총을 받았다고 확신할 수 있었다.

이 목표가 그들의 방법에 영향을 미쳤다. "너희에게 대하여 열심 내는" 게 그 방법인데(17절), 이 말은 "그들은 너희가 듣고 싶은 말만 한다. 너희의 충절을 얻어 내려고 너희에게 영합하며 비위를 맞춘다"는 뜻이다. 열심(18절) 자체는 나쁜 게 아니다. 열심의 좋고 나쁨을 가리는 기준은 '좋은 뜻'에서 났는지 여부다. 거짓 교사들은 갈라디아 교인들을 높임으로써 스스로 높아지려 했을 뿐이다. 복음 안에서가 아니라 교만하고 독선적인 태도로 말이다.

19절에 바울의 대조적인 목표가 나온다. 그는 "너희 속에 그리스도의 형상을 이루기까지" 고뇌한다. 굉장히 중요한 대목이다. 12절에 "나와 같이 되기를" 당부했지만, 사실 바울은

---

18 좋은 일에 대하여 열심으로 사모함을 받음은 내가 너희를 대하였을 때뿐 아니라 언제든지 좋으니라

갈라디아 교인들이 그리스도를 닮은 모습으로 변화되도록 자신이 본을 보였을 뿐이다. 그는 자신을 좋아해 달라고 하지 않고 "나와 같이 되라"라고 했다. 팬들을 얻으려 한 게 아니라 자기처럼 그들도 그리스도를 따르게 하려 했다. 바울은 사람들이 자신에게 의존하지 않고 그리스도께 의존하기를 원했다.

그래서 바울은 이를 산고에 비유한다. 제자들을 대할 때 그는 '해산하는 수고'로 진통 중인 산모와 같았다. 진통 중인 산모는 아기가 나와서 독립체로 살아가기를 간절히 바란다. 태에서 자라던 아기가 생명을 얻으려면 산모가 고통을 겪어야 한다. 그래도 산모는 아기가 태에 남아 있기를 원하지 않는다. 이는 복음에 기초한 건강한 사역을 보여 주는 놀라운 은유다.

거짓 교사들은 추종자들에게서 영광을 받으려 했지만, 바울은 동역자들이 그리스도께 영광을 돌리기를 원했다. 이 목표에서 방법도 따라 나왔다. 바울은 그를 대적하던 자들과 달리 갈라디아 교인들에게 그들이 듣고 싶은 말만 한 것이 아니라 참된 말을 했다(16절). 그래서 사람들로부터 험한 말과 욕설을 들었다. 그도 얼마든지 부드럽게 인정의 말을 해 주고 싶었고, 가능하면 어조를 바꾸려 했다(20절, "언성을 높이려"의 NIV 번역-역자 주).

그러나 칭송을 받느니 복음을 고수했다. 결국 복음은 사

---

19 나의 자녀들아 너희 속에 그리스도의 형상을 이루기까지 다시 너희를 위하여 해산하는 수고를 하노니

람들에게 그리스도를 의지하고, 그리스도를 닮고, 그리스도를 찬송하게 한다.

복음은 우리를 사람에게 인정받고 칭송받으려는 욕구에서 해방시킨다. 그래서 우리는 사랑하는 사람의 분노를 살 줄을 알면서도 잘못을 지적할 수 있다. 그게 상대에게 최선이라면 말이다. 항상 통하는 것은 아니지만 이것만이 사람을 진정으로 변화시키는 소통이다. 당신의 사랑이 너무 이기적이어서 차마 상대를 노하게 할 수 없다면, 당신은 상대가 꼭 들어야 할 참된 말을 절대로 하지 않을 것이다. 설령 꼭 필요한 진실을 말하더라도 사랑하기 때문에 고뇌에서 출발한 것이 아니라면 상대는 그 말을 듣지 않을 것이다.

그러나 진실을 말하면서도 풍성한 사랑이 드러난다면, 당신의 말이 상대의 심중에 파고들어 치유를 낳을 가망이 높다. 복음에 기초한 사역의 특징은 조작과 가식과 아첨이 아니라 진솔한 사랑이다.

이런 복음 사역은 사역자 쪽의 희생을 요구하며, 사역의 대상자 입장에서도 늘 쉽지만은 않다. 그러나 복음에 기초하여 그리스도를 지향하는, 영원히 가치 있는 사역이다. 우리도 남을 위한 사역에 바울을 본받는다면 잘하는 일이다. 아울러 우리를 충분히 사랑하여 사역에 임하는 사람들 – 바울이 갈라

---

20 내가 이제라도 너희와 함께 있어 내 언성을 높이려 함은 너희에 대하여 의혹이 있음이라

디아 교인들에게 그랬듯이 - 을 향해서는 사랑과 감사의 마음
을 품어야 한다.

●

은혜의 복음, 모두에게 필요하다

갈 4:21-31

기록된 바
잉태하지 못한 자여
즐거워하라

이번 본문은 가히 충격적이다. 2장 중반부터 바울이 강조해 온 주제들이 여기서 매듭지어진다. 이 부분의 요지는 세상 누구라도 복음을 통해 하나님의 자녀가 될 수 있다는 정도가 아니라, 가장 당당하고 도덕적이며 종교적으로 유능한 사람들이 대개 하나님의 집 밖에 남겨진다는 사실이다. 복음은 세상의 가치관을 뒤집는다.

:: 네 부류의 사람

이제 바울은 "율법 아래에 있고자 하는 자들"에게 직접 말한다(21절). 그들의 눈을 똑바로 쳐다보고 있는 셈이다. 갈라

---

21 내게 말하라 율법 아래에 있고자 하는 자들아 율법을 듣지 못하였느냐

디아의 그리스도인들은 하나님께 받아들여지려면 그리스도께서 이루신 일에 자신의 행위를 더해야 한다고 확신했다.

앞서 보았듯이 '율법 아래'라는 말은 율법에 순종한다는 뜻이 아니라 하나님 앞에서 자신의 신분을 율법에 의지한다는 뜻이다. 그래서 이 메시지는 종교적인 사람들에게 특히 도전이 된다.

존 스토트는 이렇게 썼다.

> "오늘날에도 그런 사람이 많이 있다. 그들은 바울의 편지를 받은 유대주의자는 아니지만 신앙이 율법주의적이며, 하나님께 나아가려면 특정한 계율을 지켜야 한다고 생각한다." - 《갈라디아서 강해》

세상에 네 부류의 사람이 있음을 알면 도움이 된다.

첫째, 율법에 순종하면서 율법에 의지하는 부류이다. 이들은 율법 아래에 있으며, 대개 아주 잘난 체하고 독선적이고 교만하다. 겉으로는 하나님과의 관계가 바르다고 굳게 믿지만 속으로는 못내 불안하다. 아무도 기준대로 살고 있다고 자신할 수 없기 때문이다. 그래서 그들은 과민하고, 남의 비판에 민감하며, 기도가 응답되지 않으면 처참해 한다. 타종교 사람들도 포함되지만, 여기서 나는 교회에 다니는 사람들을 주로 염두에 두었다. 그들은 예수님 시대의 바리새인과 공통점이 많다.

둘째, 율법에 불순종하면서 율법에 의지하는 부류이다. 이들은 행위를 통한 의를 종교적으로 강하게 의식하지만 그대로 일관되게 살지는 않는다. 그 결과 위의 바리새인 부류보다 겸손하고 남에 대해 관용적이다. 그러나 또한 죄책감이 훨씬 크고, 감정 기복이 심하며, 때에 따라 종교적인 화제를 매우 두려워한다. 교회에 다니는 사람들도 있지만 영적 자존감이 낮아 주변을 겉돈다.

셋째, 율법에 불순종하면서 율법에 의지하지 않는 부류이다. 하나님의 율법이란 개념을 아예 버린 사람들이다. 이들은 지적으로 세속주의 또는 상대주의이거나 영성이 아주 희박하다. 도덕 기준을 다분히 스스로 정하며, 본인이 거기에 부합한다고 주장한다.

그러나 바울이 로마서 1장 18-20절에 말했듯이, 무의식의 차원에서는 그들도 신이 존재하며 그 신에게 복종해야 함을 안다. 이런 사람들은 대개 위의 두 부류보다 행복하고 관용적이다. 그러나 자유주의적인 독선이 강한 편이다. 타인에 대한 우월감을 통해 스스로 구원을 얻으려 한다. 다만 이런 식의 독선은 대체로 눈에 덜 띌 뿐이다.

넷째, 율법에 순종하면서 율법에 의지하지 않는 부류이다. 복음을 깨닫고 복음의 자유를 누리며 사는 그리스도인들이다. 이들은 자신이 하나님의 자녀임을 알기에 감사와 기쁨으로 그분의 율법에 순종한다. 또 거짓된 우상이 만들어 내는 두려움과 이기심으로부터 해방되었기에 순종한다. 그들은 3번 부류보다 관용적이고, 1번 부류보다 남에게 공감할 줄 알며, 2번 부류보다 확신이 깊다. 그러나 대부분의 그리스도인은 4번답게 사는 데 고전하며, 1번이나 2번이나 심지어 3번의 사람처럼 세상을 보는 경향이 있다. 그러한 정도만큼 영적으로 피폐해진다.

:: 율법을 들으라

21절의 반문은 율법에 의지하는 사람들에게 그들의 입장이 자체 모순임을 보이기 위한 것이다. 그들은 율법 아래에 있고자 했다. 하지만 제대로 율법을 듣기나 했다면(21절) 그런 마음이 싹 달아날 것이다! 바울은 "너희가 따른다는 율법 자체가 너희를 반박한다"고 말한 셈이다.

'율법'은 흔히 구약 전체를 뜻하는 말로 쓰였다. 즉 기록된 하나님의 뜻을 가리킨다. 그래서 바울은 하갈과 사라의 이야기로 돌아간다. 거짓 교사들은 아마 그 이야기를 들먹이며 갈라디아 교인들에게 "모세 율법을 다 지키지 않으면 너희는 진짜 아브라함의 자손이 아니다"라고 말했을 것이다.

바울은 그들에게 "아브라함에게 두 아들이 있으니 하나는 여종에게서, 하나는 자유 있는 여자에게서 났다"(22절)고 일

174

깨워 형세를 역전시켰다. 따라서 아브라함과 관계되는 방식도 두 가지니 하나는 옳은 방식이고 하나는 잘못된 방식이다.

이는 탁월한 논증이다. 거짓 교사들의 기본 요지는 이것이다. "물론 너희가 그리스도를 믿는 거야 좋지만 아브라함의 자손으로 간주되려면 모든 율법을 지켜야 한다."

바울의 기본 요지는 이것이다. "그리스도를 믿는 순간 너희는 아브라함의 자손이요 하나님이 주신 모든 약속의 상속자다! 하지만 모든 율법을 지켜야 한다고 생각하는 순간 너희는 결코 아브라함의 자손이 아니다!"

:: 하갈 사건이 주는 교훈

아브라함은 두 여자에게서 두 아들 이스마엘과 이삭을 두었다. 둘은 태어난 정황도 아주 다른데, 바울의 요지를 이해하려면 이를 이해하는 것이 매우 중요하다.

일찍이 하나님은 아브라함에게 약속하시기를, 그에게 상속자를 주어 장차 보여 주실 땅에 살게 하겠다고 하셨다(창 12:1-4, 15:4-5). 그런데 그는 늙었고 아내 사라는 아이를 낳을 수 없었다. 무자한 채로 그 땅에 산지 10년이 지나자 사라는 아브라함에게 여종 하갈과 동침하여 "그로 말미암아 자녀를 얻"으라고 권했다(16:1-2). "아브람이 말을 들"어 하갈이 임신했고(4절) 이스라엘이 태어났다(15절).

그로부터 14년 후에 아브라함은 백세의 나이에 다른 아이를 낳았는데 이번에는 잉태하지 못하던 아내를 통해서였다. "여호와께서 말씀하신 대로 사라에게 행하셨으므로 사라가 임신하고 노년의 아브라함에게 아들을 낳으니 아브라함이 그에게 태어난 아들 곧 사라가 자기에게 낳은 아들을 이름하여 이삭이라 하였고"(창 21:1-3, 보다시피 저자는 "사라"의 이름을 되풀이한다. 이삭이 불임으로 무자하던 여자 사라의 아들임을 독자들에게 아주 똑똑히 밝히고 싶었던 것이다).

바울은 두 아들의 출생의 차이를 이렇게 요약했다. "여종에게서는 육체를 따라 났고 자유 있는 여자에게서는 약속으로 말미암았느니라"(갈 4:23).

아브라함은 자신의 상속자가 될 아들이 주어질 것과 그 혈통에서 세상에 구원이 임할 것을 알았다. 하지만 그 아들이 어떻게 태어날 수 있겠는가? 사라는 잉태하지 못하는데다 고령이었으니 사라를 통해 아들이 태어나려면 하나님의 초자연적인 특단의 조치가 필요했을 것이다.

반면에 여종 하갈은 젊은 가임 여성이었다. 여종을 통해 아들을 낳는 일이 하나님의 뜻에는 어긋났지만(참조, 창 2:24) 당시의 관습으로는 얼마든지 합법이었다.

---

22 기록된 바 아브라함에게 두 아들이 있으니 하나는 여종에게서, 하나는 자유 있는 여자에게서 났다 하였으며 23 여종에게서는 육체를 따라 났고 자유 있는 여자에게서는 약속으로 말미암았느니라 24 이것은 비유니 이 여자들은 두 언약이라 하나는 시내산으로부터 종을 낳은 자니 곧 하갈이라

아브라함은 아들을 주실 하나님의 초자연적 역사를 기다리지 않기로 했다. 대신 인간의 노력으로 아들을 얻기로 했다. 자신과 하갈의 능력에 의지한 것이다.

:: 도발적인 전복

유대인들은 자기가 이삭 계열의 아브라함 자손이요 하나님의 약속의 상속자임을 알았다. 그들의 조상은 시내 산에서 하나님의 율법을 받았고, 그들의 나라는 예루살렘과 그곳의 성전을 중심으로 이루어졌다.

거짓 교사들은 갈라디아의 이방인 그리스도인들에게 말하기를, 아브라함의 참 자녀요 약속의 상속자가 되려면 유대인처럼 되어야 한다고 했다.

24-25절에 나오는 바울의 말은 도발적이다! 그가 하갈을 누구와 동일시하는지 보라. "이 여자들은 두 언약이라. 하나는 시내 산으로부터 종을 낳은 자니 곧 하갈이라. 이 하갈은 아라비아에 있는 시내 산으로서 지금 있는 예루살렘과 같은 곳이니."

바울이 분명히 밝혔듯이, 하갈과 그 아들 이스마엘은 시내 산의 율법 언약과 지상의 예루살렘 성을 상징한다. 이 집단

---

25 이 하갈은 아라비아에 있는 시내 산으로서 지금 있는 예루살렘과 같은 곳이니 그가 그 자녀들과 더불어 종 노릇 하고

은 다분히 그리스도를 영접하지 않은 사람들로 이루어져 있으며, 이들은 율법 아래에 있기에 '종노릇'한다(25절). 바울은 여러 요소 – 시내 산의 율법 언약, 현재의 예루살렘, 하갈, 율법을 하나님의 칭의 수단이자 삶의 중심 원리로 삼는 모든 사람 등 – 를 하나로 연결시킨다.

이는 3장과 4장 전체에서 바울의 요지였다. 그러나 이제 그는 극적이고 탁월하게 자신의 논지를 펼친다. 하갈과 사라라는 두 여자와 연결시킨 게 충격적이다. 사라에 대해서는 잠시 후에 살펴보겠지만, 우선 바울은 거짓 교사들의 말을 듣고 있는 이들이 자신의 이 통찰에 담긴 위력을 십분 느끼기를 원했다. 즉 '지금 있는 예루살렘과 같은' 쪽은 사라가 아니라 하갈이라는 사실이다(25절).

아브라함은 하갈과 동침함으로써 자신의 능력에 의지하는 쪽을 택했다. 행위로 아들을 얻고자 한 것이다. 그는 믿음으로 행했으나 믿음의 대상이 자신이었다. 스스로 자신의 구주가 되었다.

결과는 당장 재앙으로 나타났다! 사라는 하갈을 몹시 질투했고, 집안은 쓰라린 분열과 비탄에 빠졌다(창 16:4-14, 21:8-21). 성경에 일부다처제와 축첩이 한결같이 단죄되어 있으니 당연한 일이다. 이때도 하나님은 (하갈과 이스마엘을 돌보아 주시긴 하셨지만, 16:7-12, 21:17-18) 결코 자신의 약속을 이 아들을 통해 이루지는 않으셨다. 아브라함이 시도한 자력 구원은 실패로 돌아간 것이다.

세월이 흐르면서 이삭의 후손과 이스마엘의 후손 사이에 반목과 전쟁이 계속되었다. 전통적으로 이스마엘은 아랍 민족들의 시조다. 그래서 바울은 "아라비아에 있는 시내 산"(25절)이라는 표현을 썼다. '시내 산'이란 율법에 의지한다는 뜻이고 '아라비아'란 하나님의 백성 바깥에 있다는 뜻이다. 반면에 이삭은 유대 민족의 시조다.

아브라함은 역사 속에 초자연적으로 활동하시는 하나님의 은혜를 의지하지 않고 자신의 능력에 의지했다. 우리도 하나님을 의지하지 않고 스스로 구주가 되려 하면 그 결과로 영적, 심리적, 관계적 혼란과 붕괴를 자초한다.

거짓 교사들은 사라와 이삭을 통한 아브라함의 후손으로 자처했지만, 바울의 말대로 영적으로는 여종이자 이방인이자 버림받은 계열의 후손이었다. 하나님을 대하는 그들의 자세와 마음은 하갈을 취하던 아브라함과 같았고, 그들의 삶의 열매는 이스마엘이었다. 즉 종노릇만 더해졌을 뿐이다! 혈통상으로는 사라의 후손이었지만 영혼과 마음은 자신들이 멸시하던 이방인과 같았다.

그들은 하나님의 초자연적인 은혜보다 자신의 능력에 의지했다. 가장 종교적인 사람들일수록 자유와는 가장 거리가 멀 수 있다.

:: 복음의 비유

바울은 아브라함과 하갈과 사라의 이야기를 우화로만 활용했다. 어떤 사람들은 갈라디아서 4장에 하갈이 부정적 인물로, 사라가 긍정적 인물로 그려진 것을 부당하게 여긴다. 본래의 이야기에서 하갈은 무죄한 피해자였고 사라는 아브라함과 함께 불신의 공모자였으니 말이다. 그러나 "이것은 비유니"(24절)라고 한 바울 자신의 말을 명심해야 한다. 다시 말해서 창세기의 그 기사를 정말 실화로 읽고 마땅히 신학적, 도덕적 교훈을 배워야 하지만, 여기서 바울이 하려는 말의 요지는 이것이 아니다. 그는 이 이야기를 은혜와 행위에 대한 좋은 상징적 예화로 보았다. 사건의 역사성을 부인한 게 아니라 다만 이를 예화 삼아 성경의 한 진리를 보여 주려 했다. 아울러 앞서 보았듯이 이를 통해 그는 자신을 대적하던 이들에게로 형세를 역전시켰다.

이렇게 비유적인 협의(狹義)로 보면 하갈의 아들은 행위로 얻으려는 구원을, 사라는 하나님의 은혜에 의지하는 구원을 각각 대변한다. 이는 정말 흥미로운 비유다. 복음이란 스스로 의를 얻으려 애쓰지 않는다는 뜻이다. 우리 힘으로 이루는 의에는 한계가 있다. 반대로 우리는 하나님이 역사 속의 초자연적 활동 -그리스도의 기적적인 출생, 죄를 담당하신 죽음, 죽음을 이기신 부활- 을 통해 주시는 의를 받아들여야 한다. 하나님을 의지해야 한다. 결국 아브라함도 하나님이 자신에게 아들이자 상속자를 주시려면 그분의 기적적인 역사가 필요함을 배웠다. 그의 믿음의 대상이 자신의 노력에서 하나님의 초자연적 역사로 옮겨가야 했듯이, 갈라디아 그리스도인들도 율법을 지키려는 자신의 노력이 아니라 그리스도께서 이루신 일을 되돌아보아야 했다.

그래서 "약속으로 말미암"은 아들을 낳은 "자유 있는 여자" 사라(23절)는 '위에 있는 예루살렘'에 속하며, 은혜를 거부하는 이 땅의 예루살렘과는 무관하다. 자력 구원의 시도를 그만두고 결국 하나님의 구원을 받아들인 사람들을 대변한다는 의미에서, 사라는 '우리 어머니'다(26절). 흔히 '어머니'로 표현되는 도시는 각 개인이 시민권과 모든 권리를 안고 태어난 고향이다. 요컨대 '사라=천국=그리스도인의 어머니'가 된다. 천국은 이미 우리 집이요 그리스도인이 속한 곳이다.

:: "잉태하지 못한 자"를 위한 은혜

이제 바울은 '잉태하지 못한 자'를 위한 은혜의 복음이 하갈과 사라에 대한 비유적 해석의 산물만이 아니라, 구약성경 전체를 관통하는 복음임을 보여 준다. 그래서 27절에 이사

---

26 오직 위에 있는 예루살렘은 자유자니 곧 우리 어머니라 27 기록된 바 잉태하지 못한 자여 즐거워하라 산고를 모르는 자여 소리 질러 외치라 이는 홀로 사는 자의 자녀가 남편 있는 자의 자녀보다 많음이라 하였으니

야 54장 1절을 인용했다. "홀로 사는 자의 자녀가 남편 있는 자의 자녀보다 많음이라."

본래 이 예언은 바빌론에 가 있던 유대인 포로들에게 주신 말씀이다. 때는 아브라함 시대로부터 1,200년 후였고 바울 시대로부터는 600년 전이었다. 그곳에 남은 이스라엘 백성은 민족의 명운이 끝나 다시는 고국으로 돌아가거나 조국을 되찾을 수 없다고 생각했다. 다른 민족들은 강하고 유능해 보이는데 자신들은 나약하고 무력한 실패자처럼 보였다(그들의 유랑은 형벌이었다). 그런데 하나님은 이사야를 통해 그들에게 이렇게 말씀하신다. "이제 너희가 무력하니 내 은혜가 연약한 자들의 삶 속에 역사함을 보리라! 강한 자들은 자신을 의지하기에 바쁘다만 너희는 내가 크고 번성하게 하리라."

이사야의 예언은 창세기 16장을 배경으로 한다. 그때 하나님이 두 여자를 내려다보셨는데, 하나는 아름답고 출산 능력도 있었으나 또 하나는 늙고 잉태하지 못한 자였다. 그분은 잉태하지 못한 자를 통해 세상을 구원하기로 하셨다.

과연 그녀의 혈통에서 또 다른 뜻밖의 아들이 오셨다. 이 아들을 낳은 여자도 임신할 가망이 없었는데, 이번에는 불임이어서가 아니라 처녀였기 때문이다. 바로 이 아들을 통해 세상 모든 민족이 복을 받게 되었으니, 곧 하나님이 아브라함과 사라에게 약속하신 그대로였다. 그분의 은혜는 이렇게 놀라운 방법을 통해 역사한다.

바울은 이사야가 인용한 똑같은 이야기를 가져다가 더 풍성하고 놀라운 적용으로 이끈다. 갈라디아 교인들은 거짓 교사들에게 영적으로 흠씬 두들겨 맞고 있었다. 교사들의 말 대로라면 그들은 너무 부정하고 흠이 많아 단지 믿음만으로는 하나님의 사랑받는 자녀가 될 수 없었다. 그런데 바울은 판을 뒤집어 갈라디아 교인들을 강력하게 위로한다. 그들은 "잉태하지 못하는 여자"다. 만일 구원이 행위로 말미암는다면 '출산 능력이 있는 여자'만이 '자녀'를 둘 수 있다. 도덕적으로 유능하고 강한 자, 혈통이 좋은 자, 이력이 반듯한 자만이 영적으로 열매를 맺고, 하나님의 사랑과 기쁨을 누리고, 다른 사람들의 삶을 변화시킬 수 있다.

그러나 복음이 진리일진대 당신이 어떤 사람이고 과거에 어떠했는지는 중요하지 않다. 당신은 영적, 도덕적으로 버림받은 사람일 수도 있다. 홀로되어 잉태하지 못하던 고대의 여자만큼이나 소외되어 있다 해도 상관없다. 당신은 영원한 열매를 맺는다. 복음은 이렇게 말한다. "은혜는 하갈처럼 아이를 낳을 수 있는 이들만 아니라 사라처럼 잉태하지 못하는 이들을 위한 것이다. 사라에게 미래가 있을 수 있다면 다른 누구에게도 마찬가지다!"

사실은 그보다 더 깊이 들어간다. 바울은 은혜의 복음이, 특히 잉태하지 못하는 이들을 위한 것이라 말한다. 유능하고 '출산 능력이 있는' 이들은 하나님 없이도 목표에 도달할 수 있다는 생각에 은혜의 복음을 거부한다. 바울의 말은 예수님이 누가복음 15장의 탕자와 그 형의 비유에 이미 하신 말씀이다. 복음이 보여 주듯이, 결국은 강하고 도덕적이고 착하고 종교적이고 스스로 의롭게 여기는 이들이 종으로 남는다.

:: 낙심한 실패자를 위한 복음

스스로 실패자라고 생각하는 이들에게 사라는 큰 격려가 된다. 고대에 여자의 본질적 가치는 전적으로 아이를 낳는 능력에 있었다. 물론 성경은 이를 용인하지 않는다. 사실 이 본문은 수많은 사회에서 자행되는 끔찍한 과오를 완전히 배격한다. 고대 문화에 따르면 여자의 가치와 '의'는 곧 출산 능력이었고, 따라서 아이를 낳지 못하는 여자의 인생은 자기 부족(部族)에 무익했다. (현대 사회에서도 독신이거나 무자한 여자는 다분히 낙인이 찍혀 자신이 아주 무익하게 느껴질 때가 많다. 어딘지 실패자라는 무언의 말을 들어야 한다.)

그러나 성경에서 보듯이 우리는 직업이나 돈이나 권력이나 인정을 자신의 가치로 삼아서는 안 되는 것만큼이나 자녀를 자신의 인생이요 가치로 삼아서는 안 된다. 많이 가진 이들일수록 잘못된 방식의 자존감이 붕괴되는 반면, 잉태하지 못하여 가난하고 소외된 이들일수록 나머지 모두보다 더 열매가 많고 부유하고 강해질 수 있다. 그것이 바로 복음의 부르짖음이다. 복음대로 살며 남을 섬기면 누구나 풍성한 열매를 맺을 수 있다.

뉴욕 할렘에는 대부분의 교인이 흑인인 교회가 있다. 언젠가 이 회중의 목사가 내게 이런 말을 해 주었다. 그 교회는 맨해튼에 살던 한 독일 여성을 통해 80여 년 전에 세워졌다. 독실한 그리스도인이던 그녀가 이끄는 성경 공부를 통해 할렘의 흑인 여성 둘이 그리스도를 믿게 되었다. 그들은 더 많은 친구에게 복음을 전하고 싶어 그녀에게 할렘에서도 사역을 시작해 줄 것을 부탁했다.

이 독일 여성은 당시 약혼한 상태였는데, 약혼한 남자는 그녀의 사역에 극구 반대했다. 그녀가 그 길로 간다면 그는 파혼하겠다고 선언했다. 그녀는 하나님의 부르심과 결혼하고 싶은 마음 사이에서 고민하던 중에 이사야 54장 1절을 만났다. "홀로 사는 자의 자녀가 남편 있는 자의 자녀보다 많음이라." 그녀는 하나님의 부르심을 따랐고 그 결과 약혼한 남자를 잃었다. 그때 새로 태어난 교회가 현재의 베델복음교회다. 그때나 지금이나 그녀가 둔 영적 자녀는 결혼해서 낳았을 육적 자녀보다 훨씬 많다. 이는 이 원리의 한 예에 불과하다.

대체로 종교와 철학은 신과 구원이 선한 사람들만의 몫이라고 말한다. 배타적인 메시지다. 물론 복음도 배타적이다. 복음이 말하는 하나님과 구원은 자신이 선하지 못함을 아는 사람들만의 몫이다. 하지만 복음의 배타성은 훨씬 더 포괄적이다! 누구든지 복음을 통해 하나님께 속할 수 있다. 이력과 배경은 상관없다. 당신이 여태 어떤 사람이었고 어떻게 살았으며 지금 얼마나 연약하든 관계없다. 계율을 지키는 종교는 고상하고 유능하고 도덕적이고 강한 자들의 것이지만, 복음은 만인의 것이다. 실제로 예수님은 유능하고 도덕적이고 강한 자들이 도덕적 실패자와 영적 약자보다 대체로 천국과 더 거리가 멀다고 말씀하셨다.

이 메시지는 두 아들에 대한 예수님의 덜 알려진 비유에 나온다. 비유를 들려주신 대상은 "대제사장들과 백성의 장로들"이었다(마 21:23). 포도원에서 일하라는 아버지의 말에 한 아들은 싫다고 했다가 나중에 마음이 바뀌었고(30절), 다른 아들은 가겠다고 했으나 사실은 포도원에 가지 않았다(28-29절). 실제로 아버지의 바람대로 행한 사람은 맏아들이 아니라 둘째아들이다. 요지는 무엇인가? "세리들과 창녀들이 너희보다 먼저 하나님의 나라에 들어가리라"(31절). 왜 그런가? "너희는 … 끝내 뉘우쳐 믿지 아니하였"기 때문이다(32절).

그래서 가장 종교적인 사람부터 가장 종교와 거리가 먼 사람까지 누구에게나 은혜의 복음이 필요하다. 종교적인 사람들은 구주이신 예수님을 거부한다. 그들의 종교적 행위는 자신의 공로로 하나님의 은총을 얻어 내려는 노력이기 때문이다. 그들의 구주는 자신의 성취다. 그들에게 예수님은 본보기나 조력자일지는 몰라도 구주는 아니다.

그러나 신앙이 없는 사람들도 뭔가를 숭배하고 있다. 우리는 다 자존감이 필요하다. 그래서 뭔가를 신앙처럼 숭배하며 거기서 자존감을 이끌어내야 한다. 하지만 그런 것들을 구하는 동안 우리는 거기에 지배당하고, 막상 얻어도 실망이며, 그러다 잃으면 참담해진다.

요컨대 우리의 본성적 상태로는 하나님을 섬기는 동기와 그분을 거부하는 동기가 똑같다. 두 경우 다 그분으로부터 독립된 상태를 유지하려 한다. 자신이 철저히 죄인이라서 전적으로 은혜로만 구원받아야 함을 부인하고, 자신의 가치를 스스로 얻어내려 한다. 우리는 '이스마엘'이며, 이스마엘은 늘 굴레에 매여 있다. 자신을 의지하면 늘 그렇게 될 수밖에 없다. '약속의 자녀'인 '이삭'만이 자유로이 살아간다(28절).

:: 이스마엘이 이삭을 대하는 방식

본문에 놀라운 사실이 하나 더 있다. 바울은 이스마엘과 이삭으로부터 마지막 교훈을 도출한다. "그때에 육체를 따라 난 자가 성령을 따라 난 자를 박해"했다(29절, 창 21:8-9 참조). 그리고 1세기의 갈라디아에서 "이제도 그러하"였다.

바울이 단호히 말했듯이 여종의 자녀는 자유 있는 여자의 자녀를 늘 박해한다. 전자는 율법을 지켜 구원을 얻으려는 사람들이고, 후자는 은혜로 말미암는 구원을 누리는 사람들이다. 이스마엘은 이삭을 박해하는 법이다.

왜 그러한가? 복음이 신앙 없는 사람보다 종교적인 사람에게 더 위협이 되기 때문이다. 종교적인 사람은 하나님 앞에서 자신의 신분에 대해 과민하고 초조하다. 그 불안 때문에 복음을 적대시한다. 자신의 최고의 행위조차도 하나님 앞에서는 무용지물이라고 복음이 역설하기 때문이다. 자아상의 기초가 그리스도의 칭의에 있는 사람은 상대가 자신과 달라도 미워하거나 적대시하지 않는다. 그러나 자아상의 기초가 행위를 통한 칭의에 있는 사람은 남을 박해한다!

그래서 이스마엘은 이삭을 조롱했다. 예수님은 종교 지도자들에게 가장 지독한 박해를 받으시고 동족의 손에 정죄당하셨다. 갈라디아의 경우 물리적인 박해는 아니었으나 위험하기는 마찬가지였다. 율법을 의지하는 교사들이 교회 안에서 복음의 자유를 무너뜨렸다. 존 스토트의 말처럼 오늘날에도 똑같다.

"참된 교회를 박해하는 주체는 … 늘 세상의 문외한들만이 아니라 우리의 이복형제, 종교적인 사람들, 명목뿐인

---

28 형제들아 너희는 이삭과 같이 약속의 자녀라 29 그러나 그때에 육체를 따라 난 자가 성령을 따라 난 자를 박해한 것 같이 이제도 그러하도다 30 그러나 성경이 무엇을 말하느냐 여종과 그 아들을 내쫓으라 여종의 아들이 자유 있는 여자의 아들과 더불어 유업을 얻지 못하리라 하였느니라 31 그런즉 형제들아 우리는 여종의 자녀가 아니요 자유 있는 여자의 자녀니라

교회다. 오늘날 복음주의 신앙의 가장 큰 적은 비신자가 아니라 … 교회, 기성 체제, 고위 성직자들이다. 이삭은 언제나 이스마엘에게 조롱과 박해를 당한다.”-《갈라디아서 강해》

::

Part 4

복음대로 살라,
성령을 따라 살라

GALATIANS
FOR YOU
TIMOTHY KELLER

10

●

복음이 주는 자유를 오용하지 말라

갈 5:1-15

●

그 자유로 육체의 기회를
삼지 말고 오직 사랑으로
서로 종노릇 하라

여태 바울이 갈라디아 교인들에게 (거듭!) 말했듯이, 그리스도인은 율법을 지키지 못했다 해서 정죄당할까 봐 두려워할 필요가 없다. 그리스도 안에서 이미 의롭게 되었기 때문이다. 이런 말을 들으면 많은 사람들이 말한다. "와! 그렇게 믿는다면 내 마음대로 살 수 있겠구나!"

언뜻 보면 복음은 거룩하게 살려는 모든 동기를 없애 버리는 것 같다. 그래서 오랜 세월 교회는 복음의 급진적 주장을 유화해야 할 필요성을 느꼈다. 복음의 자유에 못 미치는 메시지로 사람들을 '내 마음대로' 살지 못하게 막으려 한 것이다.

그래서 이 본문은 매우 중요하다. 바울이 말하려는 요지는 이것이다. 복음의 자유로 두려움과 정죄에서 벗어난 사람은 제멋대로 사는 것이 아니라 하나님께 순종한다.

∴ "자유롭게 하려고 자유를 주셨으니"

1절은 갈라디아서 마지막 두 장(과 어떤 의미에서 서신 전체)의 요약이다. 첫째, 바울은 우리가 그리스도 안에서 온전한 자유를 얻었다고 말한다. 여기 바울의 첫 문장을 원어로 보면 강조 구문으로 되어 있어, 일부 역본보다 의미가 강하다. 직역하면 "바로 자유를 위하여 그리스도께서 우리를 자유롭게 하셨으니"가 된다. 명사도 동사도 둘 다 '자유'라는 단어다.

자유는 그리스도인의 삶의 수단이자 목표다! 기독교 복음의 관건은 온통 자유다. 예수님의 사명 전체가 해방 작전이었다. "자유를 주셨으니"로 번역된 동사는 부정과거 시제로, 헬라어에서 과거에 이미 완료된 단번의 행동을 가리킨다. 따라서 이는 그리스도인이 이미 해방되었다는 바울의 더없이 단호한 표현이다.

둘째, 그런데 그는 복음을 통해 받은 이 자유를 잃을 수도 있다고 말한다. 이는 중요한 언급이다. 1절 앞부분에 승리가 단호히 선포되어 있다 보니, 자칫 복음의 자유가 워낙 크고 강해서 잃어질 수 없다고 믿을 법도 하기 때문이다. 바울은 이 자유가 비록 하나님에게서 났어도 취약해서 우리 손에서 빠져나갈 수 있다고 말한다.

이상의 두 요지에는 (적어도!) 두 가지 의미가 함축되어 있

5:1 그리스도께서 우리를 자유롭게 하려고 자유를 주셨으니 그러므로 굳건하게 서서 다시는 종의 멍에를 메지 말라

다. 첫째, 자유를 지키려면 견고하게 서야 한다. 흥미롭게도 이는 정치적 자유와 비슷하다. 주지하다시피 한 나라나 집단이 정치적 독립을 유지하려면 경계심과 책임감이 필요하다. 바울은 영적 자유도 그와 같다고 말한다. 자유로운 신자들은 그 자유 안에 견고하게 서야 한다(참조, 고전 16:13, 빌 1:27, 4:1). "견고하게 선다"는 말은 본래 군대 용어로 철통 경계, 힘, 공격을 물리침, 단결 등의 개념이 혼합되어 있다.

요컨대 그리스도께서 이미 우리를 구원하셨다는 사실에도 불구하고, 우리는 계속 부지런히 구원을 기억하고 간수하고 기뻐하며 이에 합당하게 살아야 한다. 구원을 잃을 수는 없지만 두려움의 속박에서 해방된 자유는 잃을 수 있다.

둘째 의미는 앞서 논했던 갈라디아서 4장의 급진적 진리를 되짚는다. 즉 율법을 지키는 종교는 정말 종노릇이다. 바울은 그들에게 "멍에를 메지 말라"고 권고한다(1절).

당대의 유대교에서는 모세 율법 전체를 공부하고 실천하는 일을 일컬어 '멍에를 멘다'고 흔히들 표현했다. 하지만 그리스도는 바리새인들과 율법 교사들이 이 멍에로 사람들을 속박한다고 보았고, 초대교회도 그분과 똑같이 보았다(참조, 행 15:10, 비교, 마 11:29-30).

갈라디아 교인들은 이 멍에를 멜 위험이 있었다. 1절 마지막 문장의 기막힌 단어는 '다시는'이다. 갈라디아 그리스도인들은 한때 이교도로서 실제로 우상 숭배의 속박 - "이 세상의 초등학문"(갈 4:3, 8-9절) - 아래에 있었다. 그런데 여기서 바울은 이교의 우상 숭배나 성경에 대한 도덕주의(즉 성경의 율법 준수)가 기본적으로 똑같다는 급진적 주장을 되풀이한다. 과거에 도덕관념이 없는 자유주의자였던 갈라디아 교인들이 이제 지극히 도덕적인 보수주의자가 되려 하고 있었다.

바울의 말대로 이 모두는 똑같은 영적 종노릇으로 귀결된다. 갈라디아 교인들이 할례에 굴한다면 이전에 이교도였을 때 겪었던 불안과 죄책감과 버거운 삶이 되살아날 것이다. 그러면 자신이 충분히 잘하고 있는지 확신할 길이 없다. 이전처럼 두려움이 삶의 기초가 되어 교만해지고 죄책감에 찌들 것이다. 어쩌면 오히려 그때보다 더할 것이다. 자신의 가치(즉, 의)를 결코 확신할 수 없는 사람들의 과민, 불안, 교만, 낙심, 피로에 그들도 빠질 것이다.

:: 그리스도가 무익해질 때

결국 갈라디아 교인들은 양자택일의 순간에 도착했다. 그리스도를 보배로 삼아 그분께 용서와 만족을 얻을 것인가, 아니면 율법 준수와 할례에 의지할 것인가?

유대주의자들은 "할례를 받고 율법을 지키지 않는 한 너희는 구원받을 수 없다"고 가르쳤다(행 15:1, 5절 참조). 반면에 바울은 그들이 그 가르침을 받아들여 따르면 구원받을 수 없다고 반박했다. "그리스도께서 너희에게 아무 유익이 없으리라"(갈 5:2).

이번에도 바울은 앞서 했던 말을 되풀이한다(그 내용은 편지 1장에 나온다). 그래서 우리도 또 기억해야 한다. 성경에 같은 말이 반복될 때는 목적이 있다. 우리가 듣고 또 계속 들어야 하기 때문이다.

바울이 갈라디아 교인들에게 일깨웠듯이, 그리스도에 뭔가를 더하면 그리스도를 빼는 결과가 될 수밖에 없다. 그분은 우리의 모든 가치이거나 혹은 무익하거나 둘 중 하나다. 율법도 지켜야만 구원받는다면 구원의 길은 그것뿐이며, 따라서 "율법 전체를 행할 의무"가 있다(3절). 그런데 앞서 보았듯이 이는 전혀 불가능한 일이다(3:10-11). 율법을 통한 칭의는 자력 구원이라서 결국 "그리스도에게서 끊어지고[소외되고]" 만다(4절). 행위를 따라 살면 은혜에 붙어 있을 수 없다(4절).

요컨대 1절은 그리스도 안에서 우리에게 주어진 주관적 자유를 일깨워 준다. 즉 우리가 하나님께 순종하는 동기는 더는 버거운 종노릇에 있지 않다. 2-4절은 그리스도 안에서 우리에게 주어진 객관적 자유를 일깨워 준다.

즉 우리는 하나님 앞에 의로워질 목적으로 율법 전체를

---

2 보라 나 바울은 너희에게 말하노니 너희가 만일 할례를 받으면 그리스도께서 너희에게 아무 유익이 없으리라 3 내가 할례를 받는 각 사람에게 다시 증언하노니 그는 율법 전체를 행할 의무를 가진 자라 4 율법 안에서 의롭다 함을 얻으려 하는 너희는 그리스도에게서 끊어지고 은혜에서 떨어진 자로다

행할 그 의무로부터 해방되었다. 바울의 말마따나 복음은 우리를 죄책 자체와 죄에 대한 종노릇 양쪽 모두로부터 해방시켜 준다. 죄로 인한 정죄와 죄를 지으려는 동기 양쪽 모두로부터 해방시켜 준다.

4절은 진정한 그리스도인이 구원을 잃고 정말 은혜에서 떨어질 수 있다는 뜻일까? 그렇게 보일 수 있다. 그러나 바로 다음(5-6절)에 보듯이, 그리스도인의 삶 전체는 하나님이 현재에는 물론 미래에까지 자신을 확실히 받아들여 주셨다는 확신에 기초해 있다.

구원을 우리의 노력으로 얻거나 유지해야 한다면 구원의 확신은 불가능하다. 선한 삶으로 구원을 지켜내야 한다면, 자신이 하나님의 은총을 계속 얻을 만큼 충분히 선한지 어떻게 확신할 수 있는가? 그런데 성경은 우리 그리스도인이 구원받아 안전함을 각자가 알 수 있다고 거듭 반복해서 말한다(요일 2:3). 다시 말해서 행위로 얻어낸 구원이 아니기에 우리의 행위로 구원을 잃을 수도 없다.

요한은 믿음을 영영 등지는 사람에 대해 이렇게 말했다. "그들이 … 우리에게 속하지 아니하였나니 만일 우리에게 속하였더라면 우리와 함께 거하였으려니와"(요일 2:19).

이 말의 요지인즉 참된 그리스도인은 은혜로 구원받았을 뿐 아니라 계속 은혜에 의지함으로써 자신이 그리스도인임을 보인다는 것이다. 마찬가지로 은혜에서 떨어진 사람은 정작 은혜에 의지한 적이 없다.

그래서 바울은 갈라디아서 5장 10절에 "나는 너희가 아무 다른 마음을 품지 아니할 줄을 주 안에서 확신하노라"라고 말할 수 있었다. 그는 그들이 진정한 그리스도인임을 믿었다. 따라서 그들은 마음으로부터 정말 복음을 믿었다는 증거로, 그의 경고에 긍정적 반응을 보일 것이다.

그래도 그리스도인은 2-4절의 경고를 들어야 한다. 바울의 말은 이런 것이다. "너희가 아무리 회심했다고 주장하거나 그리스도를 통해 삶이 변화되었다고 말해도 그건 중요하지 않다. 구원의 요건으로 행위를 조금이라도 넣기로 결정한다면 그리하여 오직 그리스도를 믿음으로만 구원받음을 부인한다면(그러지 않으리라 확신하지만), 너희는 그분께 구원받을 수 없다." 이것이야말로 어떤 사람이 그리스도인인지 여부를 가리는 시금석이라는 뜻이다.

:: 확실한 소망

바울은 갈라디아 교인들에게 의를 이루려고 몸부림칠 게 아니라 - 그런 노력은 실패할 수밖에 없다 - 그냥 "의의 소망을 기다리"라고 권면한다(5절).

'소망'으로 번역된 성경 원어 엘피다(elpida)는 우리가 흔히 말하는 소망처럼 의미가 훨씬 약하지 않다. 성경이 말하는

'소망'은 다음 예에서처럼 '그러기를 소망한다'는 뜻이 아니다. "내일 날씨가 화창할까?" "(확신할 방도는 없지만) 그러기를 소망해야지." 성경이 말하는 소망은 대상에 대한 확신과 확실한 증거다(참조, 히 11:1).

일부 역본의 독자들에게 이는 중대한 문제다. 헬라어로 '절대적 확신'을 뜻하는 이 단어가 어떤 역본에서는 '별로 확실하지 않다'는 뜻으로 변한다. 그래서 오해하기 쉬운 본문이 많아진다!

'소망'이란 단어의 참뜻은 갈라디아서 5장 5절에 나타나 있다. 즉 바울의 말대로 우리는 이 의를 그냥 '기다'린다. 의를 이루려고 노력하거나 몸부림치지 않는다. 그 의가 지금 오고 있는 중임을 우리는 안다. 그래서 불안해하지 않고 간절히 기다릴 수 있다.

우리가 기다리는 의란 무엇인가? 의의 의미는 선(善) 이상이다. 우리의 이력이나 하나님과의 관계가 완전히 옳다는 뜻이다. 장차 하나님은 우리를 품안에 맞아들여 영화롭게 하실 것인데, 바울의 말대로 우리는 확실히 보장된 그 영화(榮化)에 비추어 오늘을 살아갈 수 있다. "네가 아들이니 아들이면 하나님으로 말미암아 유업을 받을 자"임을 알기 때문이다(4:7). 타종교를 따르는 사람이나 세속 인간은 누구도 자신의 미래를 이렇게 내다볼 수 없다! 신앙이 없는 사람은 백만 년 후에 자

---

5 우리가 성령으로 믿음을 따라 의의 소망을 기다리노니

신이 어디에 있을지 알 수 없다. 종교적이지만 복음이 없는 사람은 장차 자신이 어디에 있을지 불안해서, 이를 간절히 고대하거나 마음이 느긋할 수 없다. 하나님과 함께할 우리의 확실한 미래는 바로 복음의 열매다.

미래를 언급함으로써 바울은 장차 찬란하고 영광스럽고 아름답고 온전해질 우리의 모습을 상상하게 한다. 그가 다른 서신에 썼듯이 살아 계신 예수님은 우리를 자기 앞에 "영광스러운 티나 주름 잡힌 것이나 이런 것들이 없이 거룩하고 흠이 없게 하"신다(엡 5:27). 이것이 보장되어 있기에, 이미 그러함을 우리는 안다. 오늘을 살아갈 때도 우리는 자신이 하나님 보시기에 이제부터 영원까지 지극히 아름답다는 사실을 알아야 한다. 다시 말해서 우리는 장차 천국에서 온전히 영광스러워질 때만큼이나 지금도 하나님의 사랑과 존중을 받고 있다.

바울의 말처럼 우리는 믿음과 성령의 역사로 말미암아 이 의를, 이 확실한 영광을 간절히 기다릴 수 있고 실제로 기다린다. 그러므로 기다림은 단지 우리가 향하고 있는 그곳에 대한 지적인 동의가 아니다. 그것만 묘사하기에는 표현이 너무 생생하고 결과가 너무 막강하다.

바울은 영적 훈련을 말하고 있다. 즉 우리는 마음을 가꾸어야 한다. 그리스도 안에서 자신에게 주어진 모든 것을 간절하고 뜨겁게 기뻐해야 한다. 그러려면 자신이 받은 칭의와 입양과 장래의 영화를 묵상하며 되새겨야 하고, 이에 합당하게 행동해야 한다. 자신이 누구이고 그리스도 안에서 무엇을 받았는지를 수시로 생각해야 한다. 그래야 마음이 뭉클해지고, 그런 보이지 않는 실체에 행실이 맞추어진다. 이는 아들 예수님을 믿는 사람들에게 벌어지는 일이며, 성령님께서 이 일을 도우신다.

:: 할례와 무할례

이제 우리도 이 서신에 나오는 바울의 깜짝 놀랄 발언에 익숙해져 있는데, 6절도 그중 하나다. "할례나 무할례나 효력이 없으되." 여기 할례는 종교적 의무를 대변하고 무할례는 이교나 부도덕을 대변한다.

'효력'으로 번역된 단어가 사람을 묘사할 때는 '힘이 있다'는 뜻이지만 사물에 쓰일 때는 '쓸모 있다, 득이 된다'는 뜻이다.

도덕적 노력도 도덕적 실패도 소용없다. 두말하면 잔소리다. 왜 그러한가? 첫째, 종교도 무종교도 하나님과 관계를 맺는 데 무용하다. 바울이 직전에 말했듯이 하나님께 받아들여질 우리의 장래는 그리스도께서 이루신 일을 통해 이미 확정되었다. 그 영광스러운 의를 우리는 당당하게 간절히 기다

---

6 그리스도 예수 안에서는 할례나 무할례나 효력이 없으되 사랑으로써 역사하는 믿음뿐이니라

릴 수 있다.

이런 맥락에서 볼 때, 종교도 무종교도 '효력이 없다'는 그의 말은 그게 하나님 앞에서 우리 의와 신분에 무용하다는 뜻이다. 바울의 말은 이런 것이다. "내 행위가 선하다 해서 하나님과의 관계가 바르게 되지도 않고, 행위가 악하다 해서 내가 정말 더 잃어지고 절망적인 상태가 되지도 않는다. 만인은 똑같이 잃어진 상태이고 똑같이 구원받을 수 있다."

그리스도인은 이제 막 성공을 경험했을 때 이렇게 말해야 한다. "하지만 나를 향한 그리스도의 사랑이 이 성공 때문에 더 커지지는 않는다. 사실 이번 일도 순전히 그분이 나를 사랑하시기 때문에 일어났지 그 반대가 아니다!"

그리스도인이 실패를 경험한 직후에는 이렇게 말해야 한다. "이렇게 실패하지 않았다 해도 나를 향한 하나님의 사랑과 수용이 지금 이 순간보다 더 커지지는 않는다! 내 행위와는 상관없다. 사실 하나님은 늘 내가 잘되도록 역사하고 계신다(롬 8:28). 그분이 이번 일을 허락하신 것도 나를 사랑하지 않으셔서가 아니라 사랑하시기 때문이다." 얼마나 근본적으로 다른 원리인가!

덕분에 그리스도인의 삶에 엄청난 평안과 균형이 찾아올 수밖에 없다. 심한 기복이 사라질 수밖에 없다. '할례'(영적 성공)나 '무할례'(영적 실패)는 우리 모두가 늘 통과하는 일인데, 바울은 그중 어느 쪽도 "효력이 없다"고 말한다.

둘째, 종교도 무종교도 내적 성품의 변화와 참 사랑의 마음에 무용하다. 할례와 무할례가 '효력이 없'음은 "사랑으로써 역사하는 믿음뿐"이기 때문이다(6절). 믿음은 정말 사랑의 원동력이다. 종교적 도덕주의도 방탕한 불신앙도 그 역할을 대신할 수 없다. 양쪽 다 본질상 이기적이고 불안하기 때문이다. 사랑이란 기쁘게 자신을 희생하는 일이므로, 이기심과 불안은 사랑을 낳을 수 없다. 하지만 그리스도를 믿으면 그런 사랑이 가능하다. 믿음으로 우리의 의와 아버지의 수용을 확신하기 때문이다.

어떤 사람이 당신에게 청혼했는데 알고 보니 순전히 당신이 받을 유산 때문이었다고 하자. 당신의 심정이 어떻겠는가? 사랑받는다는 느낌은커녕 이용당한 기분이 들 것이다. 알다시피 상대가 내 이용 가치 때문이 아니라 나 자신을 있는 그대로 사랑하지 않는 한 우리는 사랑받는다고 느끼지 못한다. 이 비유를 통해 복음이라는 동인을 이해할 수 있다. 내 행위로 구원받는다고 생각하던 때에 우리는 하나님께 뭔가를 얻기 위해 그분을 섬겼다. 그분을 이용한 것이다. 그러나 복음의 소망을 품고 하나님의 은혜와 아름다움을 본 뒤로는 그분을 있는 그대로 사랑한다.

복음이 말해 주듯이, 그리스도께서 우리를 소중히 여겨 대신 죽으심은 우리의 이용 가치 때문이 아니다. 우리는 그분께 무익한 존재다. 그분은 우리가 잘되라고 우리를 사랑하신다. 복음을 믿어 이를 깨닫는 정도만큼 우리도 똑같이 반응하게 된다. 이제 우리도 하나님을 섬기되 무엇인가를 얻기 위해서가 아니라 그분 자신과 그분이 이루어 주신 일로 인해 섬길 수 있다. 다른 건 이미 다 보장되어 있으니 말이다. 드디어 우리도 하나님의 하나님 되심을 사랑할 수 있다. 나아가 남을 섬길 때도 득실을 따져서가 아니라 있는 모습 그대로를 섬길 수 있다.

5절을 깨달을수록 6절 말씀대로 살게 된다. 은혜로운 구원을 기뻐할수록 더 사랑과 감사에 이끌린다. 선을 행하되 순전히 선이 아름다워서, 순전히 하나님을 기뻐해서, 순전히 남을 사랑해서 행한다. 확실한 소망을 되새기며 그 소망대로 살아가면 우리 마음에 사랑이 넘쳐 흐른다. 남에게서 의와 수용을 구할 필요가 없다. 그거라면 이미 우리 것이 되었으니 말이다. 우리는 마음껏 남을 사랑하며 상대의 유익을 구할 수 있다.

이를 역으로 생각해도 좋다. 그리스도를 믿으면 확실한 소망이 생기고 거기서 남을 향한 사랑이 흘러나온다. 그렇다면 우리 사랑이 메마르거나 식어질 경우, 그 원인은 우리가 믿음으로 소망을 바라보지 않기 때문이다. 사랑이 고갈될 때는 더 사랑하려고 애쓸 것이 아니라 그리스도를 바라보는 게 문제 해결의 방법이다. 그분이 주시는 아버지의 수용은 잃어질 수도 없고 흔들리지도 않는다. 아울러 소망을 곱씹으면 우리 마음이 그분의 사랑에 녹아, 남을 향한 그분의 사랑으로 넘쳐

흐른다.

이렇듯 복음의 자유에는 최소한 두 가지 측면이 있다. 하나는 '양심의 자유'다. 나는 내 부족한 행위에 대한 죄책으로부터 해방되었다. 또 하나는 '동기의 자유'다. 나는 행위를 내보여야 할 기존의 욕구로부터 해방되었다. 더는 이전의 온갖 추구를 답습할 필요도 없고 그럴 마음도 없다. 그것은 내 의를 얻거나 자존감을 확인하는 길이 아니다.

:: 끝까지 완주하라

여기서 바울은 잠시 흐름을 끊고 갈라디아 교인들에게 다시 한 번 경고한다. '달음질을 잘 하'던 그들이 이제 거짓 교사들의 말을 들었고, 그러자 그게 그들을 "막아 진리를 순종하지 못하게" 했다(7절). 그는 또 이 당면 문제에 영원한 결과가 따름을 심각하게 일깨운다. 즉 장차 치러야 할 '심판'이 있다(10절).

"너희를 요동하게 하는 자"가 바울의 생각도 자기와 같을 거라고 암시한 듯한 부분이 특히 위험했다. 즉 바울이 (순종을 통해 구원받으려던 열성파 바리새인이었을 때처럼) 지금도 "할례를 전한

---

7 너희가 달음질을 잘 하더니 누가 너희를 막아 진리를 순종하지 못하게 하더냐 8 그 권면은 너희를 부르신 이에게서 난 것이 아니니라 9 적은 누룩이 온 덩이에 퍼지느니라 10 나는 너희가 아무 다른 마음을 품지 아니할 줄을 주 안에서 확신하노라 그러나 너희를 요동하게 하는 자는 누구든지 심판을 받으리라

다"는 것이었다(11절). 이에 대한 논박으로 바울은 다음 사실을 지적했다. "너희를 부르신" 하나님(8절)은 결코 자신의 사람들에게 그리스도의 십자가 복음의 진리에 순종하지 말라고 명하실 분이 아니다.

앞서 살펴보았듯이 여기에 타협은 있을 수 없다. 할례(자력 구원)이거나 "십자가의 걸림돌"(11절, 그리스도의 구원)이거나 둘 중 하나다. 바울은 분명히 후자를 전했다. 행위에 의지하려던 자들이 그를 박해한 것만 보아도 알 수 있다. 참된 복음 사역자라면 누구나 그런 박해를 받는다(4:29).

여기 바울의 말에 담긴 절박성이나 "너희를 막"은 자들(7절)을 향한 그의 분노를 놓쳐서는 안 된다. 신자들에게 할례를 지독히도 강요하는 거짓 교사들이 아예 갈 데까지 가서 "스스로 베어 버리기를" 즉 거세하기를 바울은 바랐다(12절). 존 스토트가 말했듯이 이 바람은 복수욕에서 나온 게 아니라 하나님의 백성을 향한 깊은 사랑에서 비롯되었다.

> "감히 말하건대 우리도 하나님의 백성과 하나님의 말씀을 바울만큼만 염려한다면 거짓 교사들이 세상에서 없어지기를 바랄 것이다." - 《갈라디아서 강해》

---

11 형제들아 내가 지금까지 할례를 전한다면 어찌하여 지금까지 박해를 받으리요 그리하였으면 십자가의 걸림돌이 제거되었으리니 12 너희를 어지럽게 하는 자들은 스스로 베어 버리기를 원하노라

바울의 감정은 이게 중요한 문제임을 우리에게 일깨워
준다.

:: 잃지도 말고 오용하지도 말라

잠시 감정에 빠져 말머리를 돌렸던 바울은 다시 6절의
주제로 돌아간다. 1-12절의 메시지가 '복음의 자유를 잃지 말
라'였다면, 13-15절은 우리에게 '복음의 자유를 오용하지 말
라'고 경고한다.

갈라디아서 전체를 통해 보았듯이 자칫 우리는 이 자유
를 잃기가 아주 쉽다. 행위를 통한 의와 율법주의에 도로 빠지
면 그렇게 된다. 이거야말로 바울이 이 서신에 말하려는 요지
다. 그리스도인은 머리로는 복음을 믿는다고 고백할지라도 늘
복음에 입각하여 살아가지는 못한다.

그러나 이제 바울은 그리스도인이 빠질 수 있는 다른 중
대 과오를 지적한다. 율법주의가 아니라 방종이다. 계율을 지
키는 삶으로 돌아가면 자유를 잃지만, 방임에 빠지면 자유를
오용하게 된다.

앞서 보았듯이 복음의 자유는 죄에 대한 죄책과 죄를 지

---

13 형제들아 너희가 자유를 위하여 부르심을 입었으나 그러나 그 자유로 육체의 기회
를 삼지 말고 오직 사랑으로 서로 종 노릇 하라 14 온 율법은 네 이웃 사랑하기를 네
자신 같이 하라 하신 한 말씀에서 이루어졌나니 15 만일 서로 물고 먹으면 피차 멸망
할까 조심하라

으려는 동기를 둘 다 없애 준다. 하지만 바울은 '자유' 같은 말이 사람들을 매우 오도할 수 있음을 알았다. 자신이 '율법에서 벗어난 자유'를 말하는 순간, 이를 다음과 같은 뜻으로 해석할 사람들이 있음을 그는 알았다. 이제부터 누구나 자신의 행동 기준을 정할 자유가 있다고 말이다.

그래서 그는 복음이 우리에게 죄지을 자유를 주지 않는다고 명명백백하게 말한다. "그 자유로 육체의 기회를 삼지 말고"(13절). 7절에 시작된 생각이 그렇게 이어졌다. "너희가 달음질을 잘 하더니 누가 너희를 막아 진리를 순종하지 못하게 하더냐."

그리스도인은 당연히 진리에 순종해야 한다. 갈라디아 교인들도 전에는 복음의 역동 내지 복음의 동기 때문에 진리에 순종했으나("달음질을 잘 하더니") 이제는 그것에 시들해지고 있었다.

복음에 따르면, 하나님은 지극히 거룩하신 분이므로 그리스도의 완전한 의와 죗값의 완불이 아니고는 그 무엇도 하나님을 만족시킬 수 없다. 반면에 복음에 따르면, 하나님은 사랑이 무한하신 분이므로 우리는 지금 이 완전한 의를 받아 하나님 보시기에 온전히 설 수 있다.

그러므로 복음은 우리를 죄책감에 물든 삶으로 이끌지도 않고(하나님이 사랑으로 우리를 받아 주셨으므로) 거룩하지 못한 삶으로 이끌지도 않는다(우리를 받아 주신 하나님이 온전히 거룩하시므로).

전자를 망각하면 바울이 1절에 다룬 과오에 빠져 자유를 잃는다. 후자를 망각하면 13절의 과오를 범해 자유를 오용하게 된다. 어느 경우든 복음의 참뜻을 놓치기는 마찬가지다.

:: 모순의 해결

이로써 본문의 외관상의 모순이 풀린다. 3절에 바울은 그리스도인이 율법 전체를 행할 의무에서 해방되었다고 암시했다. 그런데 13절에는 "사랑으로 서로 종노릇하라"고 했고, 14절에는 "서로 사랑하는 게 율법의 핵심"이라고 했다! 갈라디아 교인들에게 율법에 순종해야 한다고 노골적으로 말한 셈이다. 이를 어떻게 이해할 것인가? 우리는 율법을 지킬 의무가 있는가 없는가? 사실은 양쪽 다 맞다. 어떤 의미에서는 율법을 지킬 의무가 있으나 어떤 의미에서는 아니다.

3절의 "율법 전체를 행할 의무를 가진 자"라는 바울의 말은 곧바로 "율법 안에서 의롭다 함을 얻으려 하는 너희"(4절)로 이어진다. 그리스도인에게서 사라진 의무란 곧 구원받을 목적으로 율법을 지킬 의무다. 그것은 불가능한 일이다.

그러나 이제 우리는 값없는 은혜로 온전히 구원받았으므로 오히려 율법에 순종할 의무가 더 커졌다! 왜 그런가? 하나님을 사랑할 이유가 이전보다 많아졌기 때문이다. 사랑은 복음을 믿는 믿음과 복음의 소망에서 발원하여(5-6절) 이웃을 향한 사랑과 섬김으로 흘러넘친다. 이제 이웃을 이용하여 내 잇속을 차리는 게 아니다. '온 율법'은 이웃을 사랑하라는 "한 말씀에서 이루어졌"다(14절).

요컨대 그리스도인은 하나님께 점수를 따는 길로서의 율법에서는 해방되었으나 하나님을 기쁘시게 하는 길로서의 율법에서는 해방되지 않았다. 오히려 후자의 의무는 더 커졌다. 율법 자체가 하나님의 성품과 마음의 표출이기 때문이다.

이제 율법을 통해 그분을 기쁘시게 하고 본받아야 할 우리의 의무는 이중의 의미를 띤다. 우선 창조주이신 그분께 다할 의무가 있다. 우리를 지으신 그분이 우리의 주인이시기 때문이다. 그래서 그분은 우리가 어떻게 살아야 할지를 아시는 지혜도 있고, 우리에게 그렇게 살도록 요구하실 권리도 있다. 또 한편으로 우리의 구원자이신 그분께 다할 의무도 있다. 그토록 측량 못할 대가를 치르시고 우리를 구원하신 분이니, 그분을 기쁘시게 하고 싶은 감사의 마음은 당연한 것이다.

바울은 말한다. 그리스도 안에서 당신을 향한 하나님의 사랑을 알고 또 그리스도를 통해 더없이 분명히 나타난 하나님의 지혜를 안다면, 어째서 당신의 자유로 "육체의 기회를 삼"고 싶겠는가(13절)? '육체' 곧 죄성은 당신을 그분의 원수로 만들어 용서와 만족을 앗아갔었는데 말이다. 복음은 죄를 지으려는 당신의 동기 자체를 소멸시킨다. 제멋대로 살려는 욕구와 이유 자체를 완전히 없애 버린다. 복음이 죄를 조장한다고 우기는 사람은 아직 복음을 깨닫지도 못했고 복음의 위력을 느껴 보지도 못한 사람이다.

거짓말의 예를 보라. 한편으로 복음의 자유란 내가 거짓말을 해도 하나님께 버림받을까 봐 두려워할 필요가 없다는 뜻이다. 나는 그 거짓말의 법적 형벌에서 이미 해방되었다. 하나님의 은총을 얻어 낼 수단으로 온전히 정직해지려는 사람은, 어쩌다 거짓말을 하면 암담해진다. 그러나 복음은 우리에게 부정직해도 정죄당하지 않는다는 확신을 준다.

하지만 물어 보자. 이전에 거짓말을 하고 싶었던 이유가 무엇인가? 진실을 말했다가 혹 잃을 수 있는 무엇이 자신에게 꼭 필요하게 느껴졌기 때문이다. 인정이나 권력이나 안락이나 성공이 있어야만 기쁨이나 가치를 느끼는 사람이라면, 그 사실상의 구주를 얻거나 지키기 위해 거짓말도 불사할 것이다. 그러나 머리로만 아니라 가슴으로도 복음을 아는 사람은 이렇게 말한다. "나는 그게 필요 없으므로 진실을 말할 수 있다. 설령 거짓말을 해도 하나님 앞에서 내 신분은 변하지 않는다. 나는 거짓말할 자유가 있다. 그러나 그럴 필요가 없다. 왜 거짓말을 하고 싶겠는가?"

복음은 우리에게 정말 마음대로 살 자유를 준다. 그러나 복음을 통해 예수님이 누구이며 자신에게 무엇을 해 주셨는지를 참으로 깨달은 사람은 이렇게 묻는다. "어떻게 하면 그분을 위해 살 수 있을까?" 그 답은 율법에 표현된 하나님의 뜻을 보면 나온다.

복음은 우리를 율법에서 **해방시켜** 결국 율법을 지키게 한다. 복음은 사랑 없이 이기적 동기로 율법을 지키던 우리의 구습을 없애 버린다. 대신 사랑으로 율법에 순종하고 싶은 마음을 불어넣어 준다.

11

●

성품에 성령의 열매가 맺히게 하라

갈 5:16-25

너희는 성령을 따라 행하라
그리하면 육체의 욕심을
이루지 아니하리라

　보통의 종교에서 도덕의 동기는 두려움이다. 그러나 앞
장에서 보았듯이(5:6, 14절) 기독교의 복음에서는 동기가 사랑의
역동이다. 이제 바울은 이 새로운 역동을 통해 우리의 성품이
어떻게 자라 가는지 상술한다. 그의 표제는 이것이다. 우리는
싸우면서 성장한다.

:: 그리스도인의 싸움

　모든 그리스도인 안에 두 가지 속성이 활동하고 있다. 바
로 성령과 육체다(16절). 삶의 매순간 우리는 그중 하나를 따라

---

16 내가 이르노니 너희는 성령을 따라 행하라 그리하면 육체의 욕심을 이루지 아니하
리라

행하여, 다른 하나의 '욕심을 이루지 아니'한다. 물론 바울은 갈라디아 교인들에게 '성령을 따라 행'할 것을 권했다.

'육체'로 번역된 헬라어 단어 사릌스(sarx)는 역본에 따라 '죄성'으로 옮겨지기도 한다. 신약에서 육체가 성령과 대비되어 쓰일 때는, 우리의 영적 속성에 대비되는 물리적 속성을 뜻하는 게 아니라 우리의 전 존재 중에서 하나님을 갈망하는 부분에 대비되는 죄를 갈망하는 부분을 뜻한다. 즉 육체는 우리의 악한 마음이다. 또는 우리 마음 중에서 아직 성령으로 말미암아 새롭게 되지 못한 부분이다.

이 죄성을 '거스르'는(17절) 즉 대적하시는 분이 성령이다. 언뜻 보면 우리 내면(육체)과 외부(성령)의 싸움처럼 보일 수 있다. 그러나 바울이 양쪽 다 우리 안에 성품의 자질을 낳는다고 했고 또 두 종류의 '소욕'을 말한 것으로 보아, 이 싸움은 우리 안에서 벌어지는 게 분명하다. 본문의 '성령'은 성령님의 새롭게 하심으로 새로워진 그리스도인의 심령으로 보면 가장 정확하다. 그리스도인이 되기 전에는 죄성이 홀로 지배했고 이를 거스르는 세력이 없었다. 그러나 성령님께서 초자연적으로 들어오시면서 우리는 처음으로 그리스도인이 되었고 그때부터 새롭게 되었다. 이제 그게 우리의 새로운 본성이다. 그래서 바울은 에베소서 4장 22-24절에 육체와 성령의 이 싸움을 '옛

---

17 육체의 소욕은 성령을 거스르고 성령은 육체를 거스르나니 이 둘이 서로 대적함으로 너희가 원하는 것을 하지 못하게 하려 함이니라

사람'(또는 옛 자아)과 '새사람'(또는 새 자아)의 충돌로 표현했다.

이 '대적함'(17절)의 성격은 정확히 무엇인가? 성령과 육체의 '소욕' 사이의 싸움이다. 바울이 쓴 원어는 에피쑤미아(epithumia)로, 여러 옛 역본에 '정욕'으로 번역되어 독자들에게 성욕을 연상시켰다. 현대 역본에는 대체로 그냥 '소욕'(또는 갈망)으로 옮겨졌으나 그게 오히려 더 도움이 되지 않을 수도 있다.

이 원어를 직역하면 '과욕, 지나친 욕심'이라는 뜻이다. 즉 모든 것을 지배하는 충동과 갈망이다. 이는 중요한 표현이다. 우리 마음의 주된 문제는 나쁜 것에 대한 갈망이라기보다 선한 것에 대한 과욕이다. 선한 것이 우리의 '신'이 되면 거기서 과욕이 생겨난다(참조 엡 2:3, 벧전 2:11, 요일 2:16). 바울은 죄의 갈망이 깊어져 우리를 충동질하고 지배한다고 말한다. 죄는 우리 안에 이것이나 저것이나 다른 것이 꼭 있어야만 한다는 느낌을 조장한다.

이에 대한 데이비드 폴리슨(David Powlison)의 통찰이 아주 유익하다.

"하나님에게서 떨어져 나간 우리의 특성이 구약에 '우상 숭배'라는 말로 압축되어 있다면, 신약에는 똑같은 특성이 '소욕'(epithumia)이라는 말로 압축되어 있다. 신약은 우상 숭배의 개념과 삶을 지배하는 과욕의 개념을 통합하

217

여 정욕, 갈망, 동경, 탐욕스러운 요구 등을 지칭한다(엡 5:5, 골 3:5). -《성경상담 저널》

17절을 직역한 표현은 이번 본문에서 가장 흥미로운 말 중 하나다. "육체의 과욕은 성령을 거스르고 성령은 육체를 거스르나니." 보다시피 바울이 실제로 성령의 '과욕'이란 표현을 쓰지는 않았지만(성령께서 어떻게 뭔가를 지나치게 갈망하실 수 있겠는가?), 문장 구조상 성령님께도 갈망과 동경이 있어 최소한 육체의 소욕만큼은 강함을 알 수 있다! 성령님은 무엇을 열망하실까? 예수님은 성령께서 세상에 오셔서 "내 영광을 나타내리"라고 가르치셨다(요 16:14). 즉 우리 육신은 온갖 피조물과 조건과 사람을 동경하고 사모하고 영화롭게 하지만, 성령님은 예수님을 동경하고 사모하고 영화롭게 하신다. 성령님은 그리스도의 아름다움과 위대하심을 말씀하신다.

요컨대 성령님께서 열망하시는 바는 우리에게 그리스도를 보여 주시고 우리로 하여금 그리스도를 본받게 하시는 일이다. 결국 그리스도인이 원하는 바도 그것이다. 간과하기 쉽지만, 성령과 육체가 "서로 대적함으로 너희가 원하는 것을 하지 못하게 하려" 한다는 바울의 말(갈 5:17)은 매우 시사하는 바가 크다. 이 본문은 로마서 7장 22-23절과 일맥상통한다. 거기에 바울은 "내 속사람으로는 하나님의 법을 즐거워하되 내 지체 속에서 한 다른 법이 내 마음의 법과 싸"운다고 했다.

성령님의 방식대로 사는 게 우리가 가장 깊이 원하는 바다. 그런데 죄성이 계속 다른 소욕을 만들어 내 싸움을 붙인다. 우리는 그런 소욕을 경험하고 있고 거기에 굴할 수도 있으나, 이제 그것은 우리의 영구적 사랑과 목표에 어긋난다. 우리 거듭난 이들에게는 죄의 소욕도 있고 경건한 소욕도 있으나, 가장 진실하게 원하는 바는 곧 성령으로 새로워진 심령이 바라는 그것이다.

이 구절은 소망과 긍정으로 충만하다. 죄에 빠질 때조차도 우리는 바울처럼 이렇게 말할 수 있다. "이건 진짜 나도 아니고 내가 정말 원하는 바도 아니다. 나는 하나님과 그분의 뜻을 원한다."

:: 육체의 일의 원리

16절과 18절은 강한 대구를 이룬다. 우리는 "육체의 욕심을 이루"거나 "율법 아래에 있"을 게 아니라 "성령을 따라 행하"고 "성령의 인도하시는 바가 되"어야 한다.

바울에게 이 각각의 둘은 매우 밀접한 관계이거나 아예 동일한 것의 다른 표현이다. 여기서 우리는 죄성의 활동만 아니라 죄성의 동기까지 엿볼 수 있다. 죄성이 하나님께 불

---

18 너희가 만일 성령의 인도하시는 바가 되면 율법 아래에 있지 아니하리라

순종한다는 사실만이 아니라 불순종을 원하는 이유까지 볼 수 있다.

죄성이란 스스로 구원자가 되려는 우리 안의 부분이다. '육체'의 마음은 '율법 아래'서 활동한다. 그리스도의 의와 구원이라는 값없는 선물을 거부하고, 계속 스스로 의와 구원을 이루려 한다. 그러므로 항상 모든 죄의 배후의 죄-우리가 불순종하는 동기-는 하나님의 은혜와 선하심에 의지하지 않고, 자력 구원으로 삶을 보호하고 지키려는 갈망이다.

이렇게 볼 때 바울이 말하는 두 속성이란 사실 우리 안에 반쯤 멀쩡히 건재한 두 동기 체제다. 동기 체제의 한가운데에 아름답고 탐스러워 보이는 목표가 있고, 이 목표는 주관적 '욕구'와 이를 채우려는 '충동'을 만들어 낸다. 요컨대 죄성이란 아직 꽤 멀쩡한 옛 동기 체제와 거기에 딸린 목표와 욕구와 충동이다. 죄성은, 그 자체로 선한 어떤 대상에 집착하여 이를 우상으로 탈바꿈시킨다. 이제 우리는 거기서 구원을 얻으려 하고("사랑받거나 좋은 직장이 있거나 자식들이 나를 좋아해 주기만 한다면 나도 가치 있는 인간이 될 텐데"), 그래서 결국 그 우상에 대한 과욕이 생겨난다.

:: 육체의 일의 내용

19-21절에 '육체의 일'(19절)이 열거된다. 보다시피 전부

220

행동만 있는 게 아니다. 태도도 행동만큼이나 우리 육체의 과욕이다.

19절의 세 단어는 육체의 일 중 성적인 분야와 관계된다. 음행(포르네이아, porneia)은 결혼하지 않은 사람들 사이의 성관계이고, 더러운 것(아카싸르시아, akatharsia)은 순리에 어긋난 성적 행위와 관계이며, 호색(아셀게이아, aselgeia)은 무절제한 성이다.

20절의 두 단어 우상 숭배(에이돌로라트리아, eidololatria)와 주술(파르마케이아, pharmakeia)은 종교 분야와 관계된다. 여기 우상 숭배는 주술과 병기된 것으로 보아, 직업 등 좋은 것을 '신'으로 만드는 광의의 포괄적 행위를 뜻하지 않는다(엡 5장 5절과 골 3장 5절의 경우는 그렇다). 그보다 바울은 아주 구체적인 잡신과 이교의 종교 행위를 가리킨다. 우상 숭배가 부실한 대리 신을 내놓는다면, 주술은 스스로 성령의 일인 체 가장한다.

20-21절에 이어지는 여덟 단어는 육체가 어떻게 관계를 파괴하는지를 보여 준다. 그중 넷은 파괴적 태도다. 당 짓는 것(에리쎄이아, eritheia)은 경쟁심, 이기적 야망, 사사로운 동기다. 투기(프쏘노이, phthonoi)는 남의 것을 탐하는 욕심이다. 시기(젤로스, zelos)는 굶주린 자아에서 나오는 열기와 힘이다. 원수 맺는

---

19 육체의 일은 분명하니 곧 음행과 더러운 것과 호색과 20 우상 숭배와 주술과 원수 맺는 것과 분쟁과 시기와 분냄과 당 짓는 것과 분열함과 이단과 21 투기와 술 취함과 방탕함과 또 그와 같은 것들이라 전에 너희에게 경계한 것 같이 경계하노니 이런 일을 하는 자들은 하나님의 나라를 유업으로 받지 못할 것이요

것(에크쓰라이, echthrai)은 미움, 적의, 적대적 태도다. 나머지 넷은 이런 태도가 관계에 낳는 결과다. 분쟁(에리스, eris)은 논쟁을 일삼거나 굳이 싸움을 거는 일이다. 분냄(쑤모이, thumoi)은 분노의 폭발이다. 분열함(디코스타이아이, dichostaiai)은 분노의 결과로 사람들이 갈라서는 일이다. 이단(아이레세이스, aireseis)은 서로 싸우는 집단과 영구적 파당이다.

끝으로 약물 남용을 가리키는 두 단어가 있다. 술 취함과 방탕함은 서로 맞물려 있다. 여기서 후자는 성적인 방탕함이 아니라 음주의 방탕함이다. 쾌감을 얻고자 약물이나 행위에 중독되는 것도 육체의 일에 속한다.

바울은 "이런 일을 하는 자들은 하나님의 나라를 유업으로 받지 못할 것"이라고 엄중히 경고한다(21절). 이는 이따금씩 실패하고 회개하는 경우가 아니라 상습적 실천을 두고 한 말이다. 싸우지 않고 계속 죄성을 탐닉하는 사람은 아직 예수님의 구원과 성령의 새롭게 하심을 받지 못했다는 증거다. 지금 바울의 취지는 그리스도인의 확신을 허무는 게 아니라 안일을 퇴치하는 데 있다.

이 목록을 범주별로 나누는 방법이 또 있다. 잘 보면 어떤 죄는 종교적인 사람들의 특징이고(당 짓는 것, 투기, 시기) 어떤 죄는 신앙 없는 사람들의 특징에 더 가깝다(음행, 술 취함). 우리는 흔히 섹스와 음주를 질투와 이기심보다 더 큰 죄로 보지만 하나님께는 그런 구분이 없음을 이 목록에서 알 수 있다. 본래 신앙 없는 사람은 종교적인 사람의 '육체'의 흠을 더 못됐다고 보고, 종교적인 사람은 신앙 없는 사람의 '육체'의 흠을 도에 지나쳤다고 보는 성향이 있다. 그러나 이 목록은 이를 무너뜨린다. 우리는 자신의 죄성과 싸우기보다 남의 죄성의 일을 살피는 데 훨씬 능하다!

"성령의 인도하시는 바가 되"면(18절) 우리는 자신이 되기 원하는 사람으로 변화하고 변화된다. 성령에 힘입어 그리스도를 닮은 성품을 기르면 해방이 찾아온다. 자기 본연의 모습에 더 가까워지기 때문이다. 성령으로 말미암아 새로워진 우리 심령은 그런 사람이 되기를 원한다.

:: 바울이 말한 성령의 열매

바울은 항상 은유를 신중히 고른다. 죄성의 '일'(19절)을 말하던 그가 "성령의 열매"(22절)로 은유를 바꾼 데는 큰 시사점이 있다. '열매'라는 한 단어는 우리를 농경 세계로 데려가, 성령께서 일하시는 방식에 대해 네 가지를 말해 준다.

첫째, 그리스도인의 성장은 점진적이다. 무나 감자처럼 서서히 자란다. 식물의 성장 과정은 눈에 보이지 않는다. 시간이 지난 후에야 차이를 알 수 있다. 성령의 열매도 그리스도인의 삶 속에 자라는 중일 수 있으나, 무슨 문제나 역경이 생겨

---

22 오직 성령의 열매는 사랑과 희락과 화평과 오래 참음과 자비와 양선과 충성과

이런 생각이 들 때까지는 본인도 모른다. "몇 년 전만 해도 나는 이런 상황에서 이렇게 오래 참거나 절제한 적이 없었다." 이로써 성령의 열매가 눈에 띄지 않게 천천히 자라고 있었음을 알 수 있다.

둘째, 성령의 열매의 성장은 필연적이다. 반드시 자라게 되어 있다. 어떤 사람이 죽어서 대리석 관에 묻혔는데 어쩌다 도토리 한 알이 관 속에 들어갔다고 한다. 시간이 흐르는 동안 도토리는 눈에 띄지 않게 천천히 자랐고, 마침내 관 뚜껑이 열렸다. 그 정도로 위력이 대단했다. 대리석과 작은 씨 중에서 내기를 한다면, 성장의 원리를 모르는 사람은 대리석에 걸겠지만 정작 돈을 걸어야 할 쪽은 물론 도토리다!

성령님이 안에 계신 사람이라면 - 즉 그리스도인이라면 - 열매가 자라게 마련이다. 그리스도인의 삶이란 게 무엇이든 간에, 성령의 열매는 뚫고 나오게 되어 있다. 불가피한 일이다. 대리석 같은 우리의 죄성을 생각하면, 그게 격려가 된다. 하지만 이는 도전이기도 하다. 그리스도인이 된 지 몇 년쯤 지났다면 이렇게 자문하지 않을 수 없기 때문이다. "내 삶에 열매가 자라고 있는가?" 우리는 열매를 맺어 구원받은 게 아니라 믿음으로 구원받았지만, 그게 열매 없는 믿음은 아니다. 믿음으로 구원받은 사람은 그 안에 성령의 열매가 자란다.

셋째, 성령의 열매는 뿌리가 내부에 있다. 이는 기질이나 성격이 아니라 그보다 훨씬 깊은 변화다. 사과나무를 생각해 보라. 나무의 생명이 사과에서 오는가? 아니다. 죽은 나뭇가지에 사과를 달아도 나무는 살아나지 않는다! 사과가 생명을 주는 게 아니다. 사과는 나무가 살아 있다는 징표일 뿐이다. 생명이 열매를 낳지 그 반대가 아니다.

우리는 은사를 성령께서 어떤 사람 안에 역사하신다는 징표로 보는 경향이 있다. 그러나 성경은 그렇지 않다. 가룟 유다와 사울 왕도 성령께 쓰임 받아 예언과 기적 등을 행했지만, 심령이 성령으로 말미암아 새로워지지는 않았다.

참으로 성령의 인도를 받으면 성령의 열매(22절)가 자란다. 은사는 심령이 은혜로 변화되지 않은 사람도 구사할 수 있지만, 성령의 열매는 하나님의 자녀 안에만 자랄 수 있다. 자신이 정말 성령께서 내주하시는 하나님의 자녀인지를 아는 유일한 기준은 자라나는 성령의 열매다. 여기 바울이 언급한 열매의 첫 부분은 '사랑'이다. 그는 특정한 은사에 과욕을 부리던 다른 교회를 향해서도 이렇게 말했다. "내가 사람의 방언과 천사의 말을 할지라도 사랑이 없으면 소리 나는 구리[가] 되고 내가 아무것도 아니요 내게 아무 유익이 없느니라"(고전 13:1-3).

넷째, 그리스도인의 성장은 균형을 이룬다. 바울은 성령 충만한 사람 안에 자라는 것들의 전체 목록을 일부러 단수형으로 열매라 표현했다. 여기서 우리는 성령의 열매를 이해하고 분간하는 매우 중요한 단서를 배운다. 성령의 참 열매는 언제나 함께 성장한다. 모두가 하나다. 조나단 에드워즈(Jonathan

Edwards)는 이를 "기독교의 은혜는 서로 연쇄되어 있다"고 표현했다. 성령의 열매가 한 부분만 자라고 나머지 모든 부분이 자라지 않을 수는 없다는 말이다.

열매의 목록을 보면 누구에게나 자연적으로 더 강한 부분이 있음을 알 수 있다. 하지만 그런 강점은 성령과 무관하게 자연적 기질 때문(유전이나 초기 양육이나 둘 다를 통해 생겨난 특징)이거나 자연적 사익 때문(당면한 문제나 상황을 처리하려고 습득한 특징)이다. 예컨대 어떤 사람은 기질적으로 부드럽고 싹싹하다(온유). 하지만 이게 성령의 역사에서 비롯되지 않았다는 증거는 그런 사람이 대개 담대하거나 용감하지(충성) 못하다는 데 있다. 바울이 말한 열매의 단일성에 비추어 볼 때, 이런 식의 온유는 진정한 영적 겸손이 아니라 그냥 자상한 기질이라는 뜻이다.

요한은 "누구든지 하나님을 사랑하노라 하고 그 형제를 미워하면 이는 거짓말하는 자니"(요일 4:20)라고 했다. 보다시피 그는 "누구든지 하나님을 사랑하면서 그 형제를 사랑하지 않으면 이는 균형을 잃는 자니"라고 하지 않았다. 아예 그 자체가 거짓말이라 했다. 하나님을 사랑하면(사랑) 늘 남을 향한 사랑(자비)도 수반된다. 양쪽이 함께 있지 않다면 둘 다 없는 것이다.

이런 예는 얼마든지 많이 있다. 어떤 사람은 행복하고 명랑해 보이며(기쁨) 처음 만나는 사람들과도 잘 어울리지만, 별로 신임이 없고 친구 사이도 오래 가지 못한다(충성). 이는 진정한 기쁨이 아니라 외향적인 천성일 뿐이다. 어떤 사람은 좀처럼 동요하거나 구애받지 않지만(화평) 친절하거나 온유하지 못하다. 이는 진정한 평안이 아니라 무관심이나 심지어 냉소다. 덕분에 매번 상처받지 않고 삶의 난관을 통과할 수는 있지만, 여간해서 남이 다가갈 수 없는 둔감한 사람이 된다.

:: 열매의 각 부분

성령의 단일한 열매를 각 측면마다 자세히 살펴볼 가치가 있다(22-23절).

첫째, 사랑(아가페, agape). 남을 섬기되 자신에게 돌아올 이득 때문이 아니라 상대의 고유한 가치와 유익을 위해 섬긴다는 뜻이다. 반대는 두려움이다. 즉 자신을 보호하고 남을 악용하는 일이다. 위조품(가짜 버전)은 이기적 애정이다. 즉 남에게 끌려 잘해 주는 이유가 자신의 기분을 좋게 하려는 데 있다.

둘째, 희락(카라, chara). 하나님을 기뻐하되 순전히 그분 자신의 아름다움과 가치로 인해 기뻐하는 마음이다. 반대는 절망이나 체념이다. 위조품은 복을 주시는 그분 때문이 아니라 받은 복으로 인해 고양된 기분이다. 그러면 상황에 일희일비하게 된다.

---

23 온유와 절제니 이같은 것을 금지할 법이 없느니라

셋째, 화평(에이레네, eirene). 자신을 의지하지 않고 하나님의 지혜와 주관하심에 의지하여 당당하다는 뜻이다. 이런 평안은 불안과 염려를 몰아낸다. 가짜 버전은 아예 신경 쓰지 않는 무관심과 냉담함이다.

넷째, 오래 참음(마크로쑤미아, makrothumia). 폭발하거나 싸우지 않고 곤경에 직면하는 능력이다. 반대는 하나님과 사람에 대한 원망이다. 위조품은 "너무 시시한 일이라 무시하겠다"는 식의 냉소나 외면이다.

다섯째, 자비(크레스토테스, chrestotes). 자신의 약한 모습을 보이면서까지 남을 실제로 섬기는 능력이다. 내면의 깊은 안정에서 비롯된다. 반대는 남의 기쁨을 함께 기뻐하지 못하는 시기심이다. 가짜 대안은 남을 조종하려는 선행이다. 선을 베푸는 목적이, 이만하면 사람이나 하나님께 충분히 했다고 느끼려는 자화자찬에 있다.

여섯째, 양선(아가쏘수네, agathosune). 진실하다. 사기꾼이나 위선자가 아니라 어떤 상황에서나 한결같은 사람이다. 진실만 있고 사랑이 없는 것과는 다르다. 단지 기분을 달래거나 남에게 잘 보이려고 상처를 털어 놓는 것과도 다르다.

일곱째, 충성(피스티스, pistis). 성실하고 충직하고 용감하다. 언행이 일치하여 신임이 두텁다. 반대는 좋을 때만 친구인 기회주의자다. 위조품은 사랑만 있고 진실이 없는 것이다. 즉 직언하거나 이의를 제기할 의향이 전혀 없다.

여덟째, 온유(프라오테스, praotes). 곧 겸손이다. 반대는 우월감이나 자아도취. 겸손은 열등감과 다르다(다음 장을 참조하라).

아홉째, 절제(엑크라테이아, egkrateia). 급한 일보다 중요한 일에 매진하는 능력이다. 항상 충동적이거나 무절제하지 않다. 약간 뜻밖에도, 위조품은 교만한 통제 욕구에서 비롯되는 의지력이다.

성령의 열매를 자세히 보면, 자신에게 이 열매의 성장이 생각보다 훨씬 더 필요함을 깨닫게 된다. 한 측면이 다른 어느 측면과도 별도로 존재할 수 없음을 알기에 특히 더하다. 이제 우리는 은사와 자연적 강점을 자신이 그리스도를 닮았다는 징표로 볼 게 아니라, 의지적으로 성령의 열매의 속성과 단일성과 정의(定義)를 보아야 한다. 그러면 자신이 이 부분에 얼마나 부족한지 훨씬 절감하게 된다.

:: 성령의 열매를 가꾸라

그렇다면 어떻게 성령의 열매가 우리 마음속에 뿌리 내리고 삶 속에 맺힐 수 있을까? 바울이 즉시 답을 내놓는다.

첫째, 우리가 "그리스도 예수님의 사람들"임을 기억해야 한다(24절). 그분의 것은 다 우리 것이다. 아버지께서 우리를 인

---

24 그리스도 예수의 사람들은 육체와 함께 그 정욕과 탐심을 십자가에 못 박았느니라

정하시고 받아 주심은 우리의 성품이나 행위 때문이 아니라 예수님을 통해서다. 이제 우리는 그동안 살면서 '육체'에 굴복했던 부분을 서슴없이 인정할 수 있다. 성령으로 행하려 애쓰지 않았던 부분을 서슴없이 고백할 수 있다. 은사나 자연적 성격을 성령의 열매로 혼동했던 부분도 서슴없이 수긍할 수 있다.

둘째, 우리는 그리스도의 사람이기에 "육체와 함께 그 정욕과 탐심을 십자가에 못 박았"다(24절, 탐심은 '과욕'으로 직역된다). 육체를 십자가에 못 박는다는 말은 우상을 식별하여 해체한다는 뜻이다. 우리 삶에 미치는 우상의 지배력과 마력을 종식시키고, 그리하여 우리의 생각과 갈망을 어지럽히고 자극하는 우상의 힘을 무찌른다는 뜻이다.

죄성을 십자가에 못 박으려면 행동의 차원에서만 죄와 싸울 게 아니라 동기의 차원에서 죄의 목을 죄어야 한다. 사람마다 자기만의 '특유한 육체'를 분간하지 않고는 삶의 진정한 변화가 진행될 수 없다. 각 개인의 죄성에서 비롯되는 우상과 갈망을 파악해야 한다.

우리는 자신의 잘못이 무엇인지만 아니라 그 잘못을 왜 범하는지도 자문해야 한다. 우리가 하나님께 불순종함은 꼭 필요하다고 느껴지는 무엇을 얻기 위해서다. 이게 '과욕'이다. 왜 꼭 필요한가? 그 방법으로 '율법 아래에' 있기 위해서다. 그래야 자신의 가치가 입증될 줄로 믿기 때문이다.

그러나 죄성을 십자가에 못 박는 사람은 이렇게 고백한다. "주님, 제 생각 같아서는 이게 꼭 있어야 하며 그렇지 않으면 저는 무가치한 존재가 됩니다. 하지만 이것은 가짜 구주입니다. 그렇게 생각하고 느끼고 산다면, 제가 주님께 어떤 의미이며 주께서 저를 그리스도 안에서 어떻게 보시는지를 망각하게 됩니다. 이게 제 영혼에 매력을 잃을 때까지 저를 향한 주님의 사랑을 묵상하겠습니다."

죄성을 십자가에 못 박는다는 말이 어떤 의미가 아닌지도 잠시 짚어 둘 만하다. 바울은 "자신과 특히 몸을 가혹하게 대하라"고 말하지 않았다. 일례로 사순절 기간이면 뭔가를 끊는 옛 전통이 있다. 대개 쉼, 편안함, 쾌락 등의 욕구를 채우지 않는다는 뜻이다. 이는 심각한 과오다. 죄성의 일(19-21절)을 보면 분명히 알 수 있듯이, 그 목록 중 다수는 몸과 무관하다(예: 당 짓는 것, 시기, 투기). 쾌락을 부인하는 금욕으로는 이런 부분에 영향을 미칠 수 없다.

바울은 "죄를 무조건 거부하라"고 말하지 않았다. 우리 '육체'는 어떻게든 율법 아래에 살기를 갈망한다. 본능적으로 자력 구원의 방식을 찾으려 한다. 그러나 잘못된 행동의 배후 동기를 살피지 않고 무조건 거부하기만 한다면, 오히려 스스로 의로워지려는 또 하나의 방식이 될 수 있다.

불경한 태도와 행동을 거부함으로써 자신의 의를 내세우려 하기 때문이다. 갈라디아 교인들은 많은 것을 무조건 거부하려는 지경에까지 이르렀으나, 바울은 그러다가 결국 "그리스도에게서 끊어"진다고 경고했다(4절).

끝으로 바울은 수동적 과정을 말하지 않았다. 물론 그리스도인은 "내가 그리스도와 함께 십자가에 못 박혔나니"(2:20)라고 말할 수 있다. 수동적으로 자신에게 행해진 일로서 말이다. 우리는 마치 자신의 죽음으로 죗값을 이미 치른 것처럼 정죄로부터 해방되었다. 그리스도의 죽음은 곧 우리의 죽음이었다. 그러나 5장 24절은 계속 십자가에 못 박아야 함을 말한다. 이는 우리가 직접 자신의 죄성을 못 박아, 내면의 옛 본성을 죽이는 일이다.

그래서 셋째, 우리는 성령으로 행해야 한다(25절). 이는 긍정적 과정이고(그냥 뭔가를 끊기만 하는 게 아니다), 능동적 과정이며(우리 자신이 하는 일이다), 단순한 순종 이상이다(물론 단순한 순종 이하는 아니다). 성령은 예수님이 이루신 일을 기뻐하시고 찬미하시는 살아 계신 인격체다. 우리 각자의 '육체'에는 '과욕'을 불러일으켜 죄에 빠지게 만드는 특정한 거짓 신념들이 있다. 그 내용을 구체적으로 알아내 그리스도로 대체해야 한다.

이는 단지 지적인 활동만이 아니다. 우리는 성령의 도움으로 그리스도를 예배해야 한다. 꼭 필요하다고 느껴지는 대상보다 그분이 우리 마음에 더 아름다워질 때까지 그분을 사

---

25 만일 우리가 성령으로 살면 또한 성령으로 행할지니

모해야 한다. 그러면 차차 육체의 옛 본성이 죽고, 성령의 열매가 성장할 공간이 생긴다. 그리하여 그 열매가 자라나 우리는, 자신도 열망하고 하나님도 갈망하시는 모습으로 점점 변화되어 간다.

12

●

복음은 새로운 자아상을 낳는다

갈 5:26-6:5

너희가 짐을
서로 지라 그리하여
그리스도의 법을 성취하라

복음은 당신의 관계를 어떻게 달라지게 하는가? 주변 사람들과 관련하여 자신을 보는 시각, 자신과 관련하여 남들을 보는 시각에 어떤 영향을 미치는가?

이번 본문은 아주 짧지만 대인관계에 대한 실제적 원리가 가득하다. 복음은 남과의 비교에 기초하지 않은 전혀 새로운 자아상을 낳는다. 복음만이 우리를 자만과 자학에서 건져내, 담대하고도 겸손하게 해 준다. 그게 모든 사람과의 관계에 나타나게 되어 있다. 우리는 자신을 더 잘났거나 못난 사람들과 비교하지 않고 자신의 본분에만 주목한다. 자신의 소유와 존재를 그리스도께서 해 주신 일에 대한 감사 제물로 하나님께 바치는 게 우리의 본분이다.

:: 명예욕

바로 앞에서 바울은 동료 그리스도인들에게 성령으로 행할 것을 권했다(5:25). 앞장에 보았듯이 그러려면 날마다 우리 내면의 악한 과욕을 십자가에 못 박고 날마다 마음으로 그리스도를 사모해야 한다. 그러면 우리의 성품에 성령의 열매가 자라 간다.

이제 바울은 성령으로 행하면 대인관계가 어떻게 변화되는지 보여 준다. 핵심인즉 우리는 "헛된 영광을 구하"지 않게 된다(26절). 이미 구하고 있다면 중단하게 된다!

여기 '헛된 영광'으로 직역된 헬라어 단어 케노독소이(kenodoxoi)에는 '명예가 없음, 자만심'이라는 뜻도 있다. 요컨대 이 자만심은 정서가 매우 불안하며, 자신에게 명예와 영광이 없다고 느낀다. 그래서 자신과 남들에게 자신의 가치를 입증해야 하고, 그러다 보니 생각이 남과의 비교에 고착된다. 자신의 어떤 특성이 남보다 나아 보이면 우리는 '명예욕'에 부풀어 자만에 빠진다. 자신이 남보다 열등해 보이면 같은 이유로 주눅이 든다. 나아가 이 명예욕 때문에 경쟁심도 심해진다. 복음이 없을 때 우리의 마음 상태가 바로 그렇다.

헛된 영광을 구하면 "서로 노엽게 하거나 서로 투기"한다(26절). '노엽게' 함(프로칼레오, prokaleo)이란 남을 도발하여 싸

---

26 헛된 영광을 구하여 서로 노엽게 하거나 서로 투기하지 말지니라

우려는 경쟁적 태도를 뜻한다. '투기'는 남의 정당한 소유를 탐내거나 남에게 그게 없기를 바란다는 뜻이다.

남을 시기하면서 또한 대적하는(노엽게 하는) 부류를 바울이 그렇게 표현했을 수도 있다. 하지만 (존 스토트의 관점처럼) 그는 두 가지 서로 다른 관계 방식을 말했을 소지가 더 높다. 노엽게 함은 우월감에 차 있는 사람의 자세다. 그는 자기보다 약해 보이는 사람을 깔본다. 반면에 투기는 열등감에 빠진 사람의 자세다. 그는 자기보다 잘나 보이는 사람을 "올려다본다."

이렇듯 바울은 우월감도 열등감도 둘 다 일종의 헛된 영광이라 말한다. 놀랍고도 심오한 관점이다. 우월감에 빠진 사람이나 열등감에 빠진 사람이나 자아에 함몰되어 있기는 마찬가지다. 둘 다 자신이 상대에게 줄 수 있는 위화감은 생각하지 않고, 상대에 비해 자신의 모습과 기분이 어떤지에 과도히 집중한다.

이것을 우리는 행위를 통한 의의 관점에서 볼 수도 있다. 26절의 내용을 이 서신의 기본 주제와 결합하면 된다. 그 주제란 곧 우리가 행위의 삶으로 돌아가지 말고 복음에 합당하게 살아야 한다는 것이다. 우월감에 젖은 사람과 열등감에 찌든 사람은 양쪽 다 경쟁을 통해 남을 희생시켜 자존감을 얻으려한다. 양쪽 다 남을 이기고 능가하여 정체감을 얻으려 한다. 양쪽 다 교만하게 우위를 점하려 한다.

거만한 사람과 자존감이 낮은 사람의 유일한 차이는 이

것이다. 즉 열등감의 주인공은 게임에 졌으니 자신에 대해 절망하며, 승자처럼 보이는 이들을 시기한다. 반면에 우월감의 주인공은 일단 자신이 이겼다고 느끼며, 여전히 이기고 있음을 확인하려고 계속 남과 비교한다. 물론 우리는 삶의 한 부분에서는 남을 노엽게 하면서 동시에 다른 부분에서는 시기할 때가 많다.

요컨대 노엽게 함과 투기는 정반대처럼 보이지만 둘 다 헛된 영광을 구하는 일이다. C. S. 루이스가 지적했듯이 겸손은 자신을 하찮게 여기는 게 아니라 자신에 대한 생각 자체를 줄이는 것이다. 자학과 낮은 자존감은 복음에서 난 겸손의 표지가 아니라 교만과 자만 못지않게 복음을 거부하는 태도다!

우월감과 열등감의 뿌리는 똑같이 정서 불안과 낮은 자존감이다. 스스로 영광을 얻어 인간된 가치를 느끼려는 갈망이 상반되게 표출될 뿐이다. 결국 26절은 "명예욕 때문에 남을 멸시하지도 말고 시기하지도 말라"는 말과 같다.

:: 노엽게 함인가 투기인가

둘 다 섞여 있긴 하겠지만, 우리 대부분이 구하는 헛된 영광은 노엽게 함과 투기 중 자연히 어느 한 쪽으로 표출되는 경향이 있다. 내가 어느 쪽인지 어떻게 알 수 있을까? 이렇게 자문해 보라.

- 나는 화가 자주 폭발하는 편인가, 아니면 참는 편인가?

- 나는 타인에게 논쟁을 거는 편인가, 아니면 부딪칠 일을 아예 피하는가?

- 나는 개인과 집단을 맹비난하는 편인가, 아니면 특정 계층이나 부류의 사람들 앞에서 당황하고 기가 죽을 때가 더 많은가?

- 나는 타인의 비난을 받으면 화가 나 비판하며 무조건 역공을 펴는가? 아니면 몹시 낙심하고 수세에 몰려 변명을 늘어놓거나 바로 굴복하는가?

- 나는 "나라면 절대로 저 사람처럼 행동하지 않겠다"라는 말을 자주 하는가? 아니면 사람들을 보며 "이 사람이 이룬 일을 나라면 결코 해내지 못할 거야"라는 말을 자주 하는가?

:: 복음에 기초한 자아상

성령님은 우리 안에 역사하여 복음을 우리의 자아 인식과 인간관에 적용해 주신다. 그분은 남과의 비교에 기초하지 않은 전혀 새로운 자아상을 주신다.

복음만이 우리를 자만과 자학 양쪽 다에서 건져내, 담대하고도 겸손하게 해 준다. 그게 모든 사람과의 관계에 나타나게 되어 있다. 복음만이 자만심과 헛된 영광을 퇴치한다. 아직도 사실상 행위로 내 가치를 얻으려 한다면, 나는 행위를 통한 의에 의지하는 그 정도만큼 우월감이나 열등감에 휘둘릴 수밖에 없다. 왜 그럴까? 행위로 구원받는다면 나는 당당하지만 겸손하지 못하거나(승자라는 우월감에서 노엽게 함) 겸손하지만 당당하지 못하거나(패자라는 열등감에서 투기함) 둘 중 하나이기 때문이다. 복음을 떠나서는 우월감이나 열등감에 빠지거나, 둘 사이를 왔다 갔다 하거나, 대상에 따라 둘이 병존할 수밖에 없다. 자아상의 성격상 우리는 항상 그 둘 사이에 끼어 있다.

그러나 앞서 보았듯이 복음은 새로운 자아상을 낳는다. 복음은 나를 만인 앞에 겸손해지게 한다. 내가 오직 은혜로 구원받은 죄인이기 때문이다. 동시에 복음은 나를 만인 앞에 대담해지게 한다. 하나님의 시각만이 우주에서 정말 중요하다. 그 이유는 그분 보시기에 내가 사랑받고 존중받는 존재이기 때문이다. 이렇듯 복음이 내게 주는 담대함과 겸손은 서로 공존하며 함께 더 깊어질 수 있다.

실제적으로 말해서, 새 생명으로 행하려는 상황에 처할 때마다 자신에게 복음을 전해야 한다. 예컨대 당신이 누군가를 아주 방어적으로 대하고 있다면, 그 순간 복음을 활용하여 자신에게 이렇게 말해야 한다. "이 사람이 나를 어떻게 생각하는지는 중요하지 않다. 그의 인정이 아니라 그리스도의 인정이 나의 의이고 정체이고 가치다."

반대로 당신이 누군가를 깔보고 있다면 자신에게 이렇게 복음을 일깨워야 한다. "내가 나를 어떻게 생각하는지는 중요하지 않다. 나도 이 사람과 똑같이 죄인이며 그리스도의 사랑을 받을 자격이 없다."

우월감이든 열등감이든 자만심이 들 때면, 우리의 영광과 자존감의 뿌리를 그리스도 안에서 받은 새로운 정체에 두어야 한다. "나는 하나님의 아들이다. 그리스도 예수님을 믿음으로 말미암아 당당하고도 겸손할 수 있다." 3장 26절의 그 진리를 상기하며, 성령께 이를 감정에까지 적용해 달라고 기도해야 한다.

:: 관계 속의 헛된 영광

5장에서 바울은 복음을 대적하는 두 가지 과오를 지적한 바 있다. 즉, 계율을 지켜 구원을 얻으려면(도덕주의) 자유를 잃게 되고, 계율의 개념을 아예 거부하면(쾌락주의) 자유를 오용하게 된다.

관계의 경우, 도덕주의자의 헛된 영광은 남에게 인정받으려는 욕구나 남의 의존 대상이 되려는 욕구로 나타난다. 자신이 충분히 잘하고 있다는 증거로 남의 인정이나 의존이 필요한 것이다. 하지만 그러면 자신이 관계에서 하는 역할은 본질상 이기적이다. 다른 사람들은 나의 정당성과 의를 입증하기 위해서만 존재한다.

반면에 쾌락주의자의 헛된 영광은 헌신의 부족으로 나타난다. 다른 사람들은 쾌락이나 만족의 출처로만 필요할 뿐이며, 관계에 큰 희생이 요구되는 순간 쾌락주의자는 손을 떼버린다. 그의 관계는 이기적이다.

부모와의 관계를 예로 들어 보자. 당신이 도덕을 중시한다면 부모를 기쁘게 하려는 일념에 사로잡혀 한시라도 부모를 생각하지 않고는 살 수 없다. 또는 당신의 삶을 통제하거나 무시하는 부모에게 분노가 치밀어 역시 부모를 생각하지 않고는 살 수 없다. 당신이 쾌락을 중시한다면 아쉬울 때 외에는 아예 부모를 상대하지 않는다.

복음은 부모를 기쁘게 하거나 거부하여 구원을 찾으려는 도덕주의자의 욕구에서 우리를 해방시킨다. 복음이 말해 주듯이 우리에게는 온전하신 하늘 아버지가 계신다. 복음은 또 부모를 아예 생각하지 않으려는 쾌락주의자의 잘못을 지적한다. 우리는 다른 사람들을 사랑할 의무가 있기 때문이다.

또 다른 예로 성생활이 있다. 도덕주의자는 섹스를 더럽게 보거나 하다못해 늘 죄에 빠뜨리는 위험한 충동으로 보는 경향이 있다. 불편한 양심 때문에 그는 섹스를 완전히 피하거나 충동적으로 성욕에 마구 휘둘린다. 양쪽 다 영광이 없는 내면의 공백에서 비롯된다. 그래서 섹스로 빈자리를 채우려 할 수 있다.

반면에 쾌락주의자는 섹스를 생물학적, 물리적 욕구로만 본다. 섹스에 대한 난해한 고민은 덜하겠지만, 자신에게 무조건 온전하고 영원하게 충실할 대상과 성적 연합을 이루고 싶은 마음속 깊은 열망을 포기했기는 그도 마찬가지다. 그래서 깊은 만족은 늘 손에 잡히지 않는다.

그러나 복음은 우리에게 섹스가 하나님의 선한 창조 세계의 일부임을 보여 준다. 섹스는 또 그리스도의 자기희생을 닮아야 한다. 그분은 자신을 온전히 다 주셨다. 그러므로 우리도 자기 삶의 통제권을 붙잡고 성적인 친밀함만 구해서는 안 된다.

성적으로 자신을 주려면 법적, 사회적, 인격적으로도 철저히 내어 주어야 한다. 그렇기 때문에 섹스는 온전히 헌신된 영속적 부부 관계 안에서만 이루어져야 한다. 비록 우리의 결혼이 늘 두 죄인으로 이루어지긴 하지만, 그리스도께서 우리를 변화시켜 주시기에 이는 어느 정도 실현 가능한 이상(理想)이다.

:: 형제를 도우라

"헛된 영광을 구"한다는 말은 아무리 가까운 사이여도 상대를 대하는 태도가 늘 이기심으로 가득하다는 뜻이다. 관계에서 각자 자신의 영광을 구하기 때문이다. 복음은 이를 허물어뜨린다. 복음 덕분에 우리는 '형제들'로서 살아갈 수 있다(6:1).

형제들(과 자매들)은 그리스도인의 삶에서 서로를 격려할 수 있다. "만일 무슨 범죄한 일이 드러나거든"(1절) 헛된 영광 때문에 우월감에 빠진 사람은 상대를 깔보고, 그와 다른 자신을 다행으로 여기고, 스스로 의롭다고 느낄 것이다. 상대의 죄를 지적하는 일은 순전히 그에 비해 자신이 얼마나 선해 보이는지를 부각시키기 위해서다. 반대로 헛된 영광 때문에 열등감에 빠진 사람은 상대의 죄짓는 삶까지도 시샘하거나, 상대의 인정이 너무 아쉬워 감히 복음에 합당하지 못한 그의 삶을 지적하지 않을 것이다.

자신이 하나님의 아들임을 아는 '형제'라면 이럴 때 어떻게 할까? 바울은 누군가의 죄가 드러난 상황을 못 본 체해서는 안 된다고 말한다. 그렇다고 누구의 어떤 죄든 보이는 대로 다 지적해야 한다는 말은 아니다. "사랑은 허다한 죄를 덮느니라"(벧전 4:8). 성급히 비판하며 상대의 허물을 말해서는 안 된다(고전 13:5, 7절 참조). 그러나 죄가 드러난, 즉 죄에 사로잡힌 사람을 간과해서도 안 된다. 이 표현은 죄짓는 행동이 습관으로 굳어져, 특정한 죄가 어떤 의미에서 그를 이겼다는 뜻이다. 죄짓는 행동이 습관화되면 외부의 도움과 개입이 없이는 이를

6:1 형제들아 사람이 만일 무슨 범죄한 일이 드러나거든 신령한 너희는 온유한 심령으로 그러한 자를 바로잡고 너 자신을 살펴보아 너도 시험을 받을까 두려워하라

극복할 수 없다. 그리스도인은 비판에 빨라서도 안 되지만 지적하기를 두려워해서도 안 된다.

우리는 성령 충만한 형제로서 서로 도울 책임을 받아들인다. 바울은 이 말을 "신령한 너희"에게(1절), 즉 "성령으로 행"하는 이들에게(5:16, 25절) 했다. 이는 유난히 영적인 집단인 엘리트층 그리스도인을 가리키는 말이 아니다. 그는 평범한 그리스도인들에게 "너희가 성령의 소욕을 따른다면 이렇게 할 것이다"라고 말한다. 조금이라도 그리스도인답게 살려고 애쓰는 사람이라면 누구나 이 책임이 있다.

이때 우리의 목표는 무엇인가? "온유한 심령으로 그러한 자를 바로잡"는 것이다(1절). '바로잡고'로 번역된 헬라어 단어 카타르티조(katartizo)는 어긋난 뼈를 도로 맞출 때 쓰던 말이다. 탈골은 매우 고통스럽다. 다른 신체 부위와의 관계가 본래대로 정상이 아니기 때문이다. 뼈를 다시 제자리로 맞추려면 고통이 따를 수밖에 없지만 이는 치유의 고통이다. 마찬가지로 우리도 고통을 무릅쓰고라도 죄를 지적해야 한다. 지적하는 목표는 삶과 심령의 변화를 촉진하는 데 있어야 한다.

그래서 형제는 온유한 심령으로 지적한다. 바울의 말대로 이 온유함은 "너 자신을 살펴보아 너도 시험을 받을까 두려워"할 때에만 가능하다(1절). 이는 어렵지만 실제적인 조언이다. 자신만은 비슷하거나 똑같은 죄를 짓지 못할 사람으로 여긴다면, 상대의 죄를 지적해도 마음을 얻을 수 없다. 자신을 상

대보다 낮게 여기면 그 우월감이 풍겨 나서, 상대를 바로잡기
는커녕 오히려 망쳐 놓는다.

:: 짐을 서로 지라

누군가의 드러난 죄를 지적하는 일은 "짐을 서로 지"는
한 방법이다(2절). 물론 유일한 방법은 아니다. 복음 덕분에 율
법에 순종하는 삶을 5장에 약술했던 바울은 여기 2절에서 그
삶을 타인 중심의 자세와 연결시킨다. 성령께서 우리 자존감
의 뿌리를 그리스도 안에 두시면, 그런 이타적 자세가 헛된 영
광을 몰아낸다. "형제들아 … 신령한 너희는"(6:1) "짐을 서로
지라. 그리하여 그리스도의 법을 성취하라"(2절).

그래서 2절은 5장 13-14절과 맥을 같이한다. "사랑으로
서로 종노릇하라. 온 율법은 네 이웃 사랑하기를 네 자신 같
이 하라 하신 한 말씀에서 이루어졌나니." 그리스도의 법은 이
웃 사랑으로 압축된다. 이웃 사랑의 율법을 왜 그리스도의 법
이라 부를까? 그분이 이런 사랑을 보여 주신 비할 데 없는 최
고의 모본이시기 때문이다. 우리는 그리스도께서 우리를 사랑
하신 것 같이 서로 사랑해야 한다(요 13:34, 엡 4:32). 구약 전체가
사랑의 계명으로 압축될 수 있지만, 그 사랑의 참모습을 보여
준 궁극의 화신은 그리스도의 삶과 죽음이다. 그분의 삶과 태

2 너희가 짐을 서로 지라 그리하여 그리스도의 법을 성취하라

도와 모든 관계를 보면 어떤 의미에서 '법'이 보인다. 우리 삶은 마땅히 그 경이로운 귀감을 본받아야 한다.

6장 2절과 5장 13-14절을 나란히 놓고 보면, "사랑으로 서로 종노릇"한다는 게 곧 "짐을 서로 지라"는 뜻임을 알 수 있다. 이로써 사랑의 고상한 개념이 현실을 입는다. 우리는 사람들을 혼자 짐을 지게 두어서는 안 된다. 이 짐은 자녀 양육이나 주택 개조처럼 평범한 책임일 수도 있고, 무슨 역경이나 문제일 수도 있다. 삶의 책임과 문제를 짐으로 표현함으로써 바울은 그리스도인의 관계 방식을 아주 생생하게 실제적으로 가르친다. 짐 진 사람을 도우려면 그의 옆으로 바짝 다가가서, 사실상 그의 입장이 되어 내 힘으로 짐을 떠받쳐야 한다. 그래야 무게가 둘에게 분산되어 상대의 짐이 가벼워진다. 마찬가지로 그리스도인은 경청하고 이해한 뒤 물리적, 정서적, 영적으로 상대의 짐을 분담해야 한다.

아마도 이는 유대주의자들을 향한 바울의 또 한 번의 질타였을 것이다. 그 거짓 교사들은 갈라디아 교인들을 모세 율법 아래로 끌어들이려 했다. 그런데 일찍이 이방인 그리스도인들에게 유대교 의식법을 지킬 의무가 있는지를 둘러싸고 논쟁이 벌어졌을 때, 예루살렘 공의회는 그런 율법 조항을 "멍에" 즉 짐으로 표현한바 있다(행 15:10). 그래서 바울은 갈라디아 교인들에게 율법을 성취하려는 짐을 질 게 아니라 오히려 남의 짐을 덜어 주라며, 결국 그게 율법을 성취하는 길이라고 말했다!

'그리스도의 법'이란 우리 삶 전체가 그분의 모본을 따른다는 뜻이다. 동기는 감사와 기쁨이다. 이 삶의 구심점은 법규가 아니라 인격체이신 그분이다. 이제 우리의 의무는 이전과 달라졌다. 그리스도께서 우리의 짐을 지셨기에 우리도 남의 짐을 진다. 2절을 요약하면 이렇게 된다. "너희의 짐을 지신 그리스도의 발자취를 따라 너희도 남의 짐을 지라."

:: 각자 자기의 짐을 지라

그러나 복음에 기초한 올바른 자아상이 없이는 짐을 서로 질 수 없다. 3-5절은 기본적으로 겸손과 교만에 대한 흥미로운 논의다. 많은 역본에 빠져 있지만 원어에는 3절 첫머리에 '왜냐하면'이라는 접속사가 있다. 즉 3절에 말한 과오를 범하면 2절처럼 짐을 질 수 없다는 뜻이다.

그러므로 "누가 아무것도 되지 못하고 된 줄로 생각하면"(3절) 그는 자만심이 너무 강해 종의 마음을 품을 수 없다. 주변을 둘러보아 남의 짐을 알아차리고 도와야 하는데 그럴수가 없다. 이는 엄중한 경고다. 우리가 '아무것도' 아니라는 바울의 말을 상대화해서는 안 된다. 물론 그리스도인은 소망과 확신으로 충만하지만, 이는 그리스도 덕분이다. "나를 떠나서는 너희가 아무것도 할 수 없음이라"고 예수님이 친히 말씀하셨다(요 15:5). 남의 짐을 지려면 그리스도 중심의 겸손이 요구된다.

그럼에도 그리스도인이 정당하게 "자랑할 것이 자기에게는" 있을 수 있다(4절). 이는 교만하게 헛된 영광을 구하는 우월감이나 열등감과는 완전히 다르다. 후자의 경우는 동기나 행동의 기초가 자신과 자신의 영광이다. 헛된 영광을 구하는 그리스도인은 남에게 자랑한다(4절). 자부심이나 자존감을 얻고자 자신을 남과 비교한다는 뜻이다. 한편으로 별로 사랑이 없는 사람이 이기적인 사람들에 둘러싸여 있다면, 자신의 상대적인 사랑에 아주 우쭐해져 사랑을 더 키우려 하지 않을 것이다. 반대로 하나님께 받은 역량을 십분 발휘하는 사람이 유독 재능이 뛰어난 사람들에 둘러싸여 있다면, 크게 낙심하여 여태 하나님이 변화시켜 주신 자신의 모습과 그분께 받은 복의 진가를 모를 것이다.

그럴 게 아니라 우리는 "각각 자기의 일을 살"펴야 한다(4절). 자신의 기회(하나님이 주신 재능과 시련)와 이에 대한 자신의 반응을 평가해야 한다는 뜻이다. 어떤 의미에서 우리는 자신을 기준으로 자신을 측정해야 한다.

5절을 4절과 연결시키면 이번 본문의 외관상의 모순

---

3 만일 누가 아무 것도 되지 못하고 된 줄로 생각하면 스스로 속임이라 4 각각 자기의 일을 살피라 그리하면 자랑할 것이 자기에게는 있어도 남에게는 있지 아니하리니 5 각각 자기의 짐을 질 것이라

이 풀린다. "짐을 서로 지"면서(2절) 어떻게 "각각 자기의 짐을 질"(5절) 수 있는가?! 짐의 종류가 서로 다르기 때문이다. 2절에 짐으로 번역된 헬라어 원어는 무거운 수하물을 뜻하지만, 5절에 짐으로 번역된 다른 원어는 배낭 정도를 가리킨다. 5절은 하나님이 우리 각자에게 서로 다른 역경과 기회와 약점과 재능을 주셨다는 뜻이다. 이는 각자 자기가 져야 할 짐이다. 하나님 앞에서 각자의 책임이다.

그러므로 자신을 남과 비교해서는 안 된다. 자신의 특유한 시련과 의무를 보고 거기에 순종으로 반응해야 한다. 삶을 그런 식으로 보면 매일 자신의 삶을 판단하는 기준은 어제의 내 모습, 오늘 될 수도 있었던 내 모습이 된다. 진척이 보이면 정당하게 이를 자기에게만 자랑한다. 남보다 낫든 못하든 그것과는 상관없다. 나보다 더 적게 한 사람과 비교하여 교만이라는 헛된 영광에 빠지지도 않고, 나보다 더 많이 한 사람과 비교하여 절망이나 시기라는 헛된 영광에 빠지지도 않는다. 그들에게는 하나님이 다른 짐을 주셔서 그 짐으로 그분을 섬기게 하셨다. 내가 할 일은 남의 짐이 아니라 하나님을 기쁘시게 하는 방식으로 내 개인의 짐을 지는 것이다.

삶을 이런 식으로 보면 남을 판단하기도 더디어진다. 비판이 줄고 너그러워진다. 예컨대 짜증내는 사람이 보이면 우리는 이렇게 생각한다. "저 사람이 어떤 압박에 직면해 있는지 나는 모른다. 시작할 때 정서적 절제가 어느 수준이었는지도 모른다. 어쩌면 그가 나보다 오늘 하나님께 더 잘 순종하고 있는지도 모른다!"

우리는 다른 사람들의 일과 문제와 모든 짐에 대해 겸손하고 온유하게 상대를 돕는다. 그러나, "나누어 질 수 없는 짐이 하나 있으니 … 곧 심판 날 하나님 앞에 져야 할 각자의 책임이다. 그날 당신은 내 짐을 질 수 없고 나는 당신의 짐을 질 수 없다." - 존 스토트《갈라디아서 강해》

Part 5

은혜의 복음, 다시 새롭게 경험하라

GALATIANS
FOR YOU
TIMOTHY KELLER

13

●

심은 대로 거둔다

갈 6:6-18

●

우리가 선을 행하되
낙심하지 말지니 포기하지 아니하면
때가 이르매 거두리라

서신의 맺음말 부분은 언뜻 보기에 단절된 발언의 연속처럼 보인다. 그러나 사실 바울은 글을 마치면서 두 가지 일을 하고 있다. 6-10절은 마지막 경고이고 11-18절은 마지막 초청이다. 그의 경고와 초청은 사실상 동일한 메시지다. 이 편지 전체에 구구절절 깔려 있는 그 메시지는 바로 "복음대로 살라!"는 것이다.

:: 가르치는 자와 가르침을 받는 자

이번 본문에서 바울의 첫 가르침은 편지의 바로 앞부분과 이후의 경고를 연결하는 고리 역할을 한다.

4-5절에 그가 말했듯이, 모든 개인은 하나님 앞에서 그

255

분께 받은 모든 기회에 순종으로 반응할 책임이 있다. 이는 결코 저버릴 수 없는 책임이다. 그런데 이제 바울은 이를 일종의 급진적 개인주의를 조장하는 말로 이해해서는 안 된다고 확언한다. 스스로 속지 않으려면 우리 모두가 교사들에게 복종해야 한다. 그 교사들 역시 다른 교사들에게 복종해 왔다.

모든 그리스도인은 '말씀'의 '가르침'을 받은 적이 있어야 한다(6절). "가르침을 받는 자"에 해당하는 헬라어 단어 카테쿠메노스(katechoumenos)는 교리문답을 받는 사람이다. 여기서 우리는 새 회심자들에게 기독교 교리를 체계적으로 가르치는 일(교리문답)이 얼마나 중요했는지 볼 수 있다. 그것이 "가르치는 자"의 임무였다. 바울은 새로 믿은 그리스도인이라면 누구나 이 제자도의 기본 교육을 받을 것을 전제한 상태에서, 그들에게 "가르치는 자와 모든 좋은 것을 함께하"라고 말했다(6절). "함께하라"는 단어 코이노네오(koinoneo)는 '나누다, 교제하다'는 뜻이다. 이 권면을 단순히 제자와 스승이 정식 파트너로서 교육 과정에 동참해야 한다는 뜻으로 해석할 수도 있다. 제자는 장기판의 수동적인 말이 아니며 스승은 고압적인 독재자가 아니다.

그러나 여기 "모든 좋은 것"은 재정 지원을 뜻하는 게 거의 확실하다. 가르치는 자를 후원하여 그 일을 풀타임으로 하게 한다면 제자와 교사 모두에게 유익하다. 이런 관점에서 보

---

6 가르침을 받는 자는 말씀을 가르치는 자와 모든 좋은 것을 함께하라

면 단어 코이노네오(koinoneo)의 의미가 더욱 풍성해진다. 그리스도인 교사의 사례(謝禮)를 임금이 아니라 '교제'로 보기 때문이다. 교사가 하나님께 받은 영적 은사를 제자에게 나누듯이 제자도 하나님께 받은 재정적 은사를 교사에게 나눈다.

이렇듯 우리는 교회 교역자들에게 후히 베풀어야 한다. 교회에 성심성의껏 헌금하지 않으면서 '소비자'처럼 교회에 와서 당연한 듯 혜택만 누려서는 안 된다. 아울러 이 헌금에는 올바른 태도가 수반되어야 한다. 기독교 교육은 수강료만 내면 되는 또 하나의 서비스가 아니라 하나님의 은사를 서로 나누는 풍성한 교제다.

바울은 복음의 진리를 가르치는 이들을 지원해야 한다는 개념에 바로 뒤이어, "스스로 속이지 말라"고 경고한다(7절). 어떤 의미에서 이는 갈라디아서 전체의 주제다! 이들 새로 믿은 그리스도인 중 다수는 아마 바울에게 직접 교리문답 교육을 받았을 것이다. 그런데 이제 거짓 교사들에게 속을 위험에 처해 있었다. 바울이 역설했듯이 거짓 교사들은 갈라디아 교인들과 함께한 게 아니라 그들을 이용해서 명예와 인정을 얻어 내려 했다(4:17). 6절의 올바른 사제 관계를 도입으로 삼아, 바울은 잘못된 거짓 교사들을 물리쳐야 한다는 마지막 호소로 넘어간다. 진리를 고수하라는 바울의 마지막 절정의 호소가 "스스로 속이지 말라"는 말로 시작된다.

이어 바울의 엄중한 경고가 나온다. 어떤 사람들은 이를 '풍성한 수확의 법칙'이라 부르기도 했다. 바울의 은유는 인류 역사상 가장 친숙한 경험에 속하는 심고 거두는 농사 과정이다. "사람이 무엇으로 심든지 그대로 거두리라"(7절).

이는 농사나 원예의 절대적 원리인데, 바울은 여기서 적어도 두 가지 측면을 보여 주려는 것 같다. 첫째, 심은 대로 거둔다. 토마토 씨를 심으면 아무리 도토리를 거두고 싶어도 도토리는 나오지 않는다! 둘째, 심은 대로 거둔다. 씨가 땅 속에 묻혀 장기간 아무런 변화가 없는 것 같아도 결국은 싹이 나온다. 추수를 결정짓는 것은 수확이 아니라 파종이다.

이 수확의 법칙은 농경 분야 못지않게 도덕적, 영적 분야에서도 불변의 철칙이다. "하나님은 업신여김을 받지 아니하시나니"(7절). 그분을 함부로 대할 수는 없다. "자기의 육체를 위하여 심는 자는 육체로부터 썩어질 것을 거두고"(8절).

이는 하나님이 천국에 앉아 모든 무례나 모욕에 일일이 응징하시는 복수의 하나님이라는 뜻이 아니다. 파종과 수확의 은유는 도덕적 결과가 그보다 훨씬 자연적이고 유기적인 과정임을 보여 준다. 바울이 언급한 자연적 농경으로 미루어 도덕적 우주에도 순리가 있다. 하나님께 죄를 지으면 도덕적, 영적

---

7 스스로 속이지 말라 하나님은 업신여김을 받지 아니하시나니 사람이 무엇으로 심든지 그대로 거두리라

우주라는 직물이 구겨진다. 기름진 음식을 먹으면 심장이라는 물리적 직물이 구겨지는 것과 같다. 파종이 부실하면 수확도 부실하여 가난해진다. 기름진 음식을 먹으면 심장이 나빠져 수명이 단축된다. 죄성에 굴복하면 영적 붕괴와 파멸을 거둔다. '썩어질 것'이라는 단어를 '파멸'이나 '해체'로 옮겨도 무방하다. 바울의 말대로 죄는 삶을 무너뜨린다.

특정한 행동이 물리적 조화와 직물을 구겨 놓듯이, 파멸의 수확도 도덕적 우주의 직물이 찢어진 결과다. '육체'를 위하여 심었다가 파멸을 거두는 예는 셀 수 없이 많다. 갈라디아서 6장 7-8절은 잠언 전체의 요약과도 같다! 부정직을 심으면 관계의 직물이 찢어져 외로움이라는 파멸을 거둔다. 시기와 질투를 심으면 자족의 직물이 찢어져 원한이라는 파멸을 거둔다. 예를 들자면 한이 없다.

심은 대로 거둔다. 죄는 늘 파멸을 낳을 뿐 기쁨과 생명을 낳는 법이 없다. 심은 대로 거둔다. 죄는 반드시 자업자득이 되며 결과를 막을 수 없다.

그러나 바울의 이 경고를 우리는 이 서신의 전체 맥락에서 읽어야 한다. 여기 "육체를 위하여 심는"다는 말(8절)에는 아주 구체적인 의미가 있다. 그가 이미 밝혔듯이 '육체' 즉 죄성은 우리 마음 중에서 스스로 구주와 주가 되어 자신의 삶을 통제하려는 부분이다. 이 죄성은 값없는 은혜의 복음을 거부하며 계속 스스로 의를 얻어 내려 한다.

바울이 서신 전체에 지적했듯이 그리스도인도 이래저 래 다시 죄에 예속될 수 있으며, 실제로 그런 일이 비일비재하 다. 그러면 그 기간 동안이나 삶의 그 부분에서만은 복음을 놓 친다. 하지만 그렇다고 은혜로 구원받은 그리스도인의 신분이 끝나는 것은 아니다.

그러나 바울이 또한 경고했듯이, 복음을 거부한 채 행위 를 통한 의를 공식적으로 완전히 받아들이면 예속과 파멸도 완전해진다. 본문에는 이 두 차원의 의미가 다 담겨 있을 것이 다. 그리스도인이 복음을 사장시키고 "육체를 따라" 살며 다른 방법으로 구원을 얻어 내려 한다면, 삶의 조화와 기쁨과 힘을 잃을 것이다. 그런가 하면 누구든지 복음을 거부하고 완전히 육체대로 살며 그리스도 아닌 다른 것을 구주로 섬긴다면, 영 생이 아니라 영원한 멸망을 거둘 것이다.

경고도 엄하지만 약속은 놀랍다. "성령을 위하여 심는 자 는 성령으로부터 영생을 거두리라"(8절). 성령을 따라 사는 그 리스도인은 인정과 확신과 만족과 기쁨을 현재 누릴 뿐 아니 라 그게 사후에도 지속됨을 안다.

:: 잘 심으려면

그렇다면 어떻게 "성령을 위하여 심는" 사람이 될 수 있 을 것인가(8절)? 감사와 기쁨으로 하나님께 순종하면 되는데,

이 감사와 기쁨은 하나님의 아들이라는 우리의 신분을 아는 데서 비롯된다. 그렇게 순종하면 우리 삶을 지배하던 우상이 힘을 잃어 우리는 마음껏 하나님을 위하여 살 수 있다.

날마다 성령을 위하여 심으려면 "선을 행하되 낙심하지 말"아야 한다(9절). 파종에서 수확까지는 언제나 시간이 걸린다. 특히 신참 농부나 정원사는 몇 주씩 휴면 상태인 씨를 지켜보며 도무지 싹이 트지 않을 것 같아 노심초사한다. 하지만 결국은 늘 싹이 나온다. 앞서 바울은 죄인들에게 죄의 결과를 당하기까지 시간이 걸리는 듯해도 결국은 당하고야 만다고 경고했다. 이제 그는 그리스도를 위하여 사는 이들을 격려한다. 선을 행하는 사람도 결국은 열매와 그 혜택을 본다.

바울은 새로 믿은 그리스도인들에게 낙심하지 말라고 권면한다. 정원사가 씨의 더딘 발아에 낙심하여 물대기와 잡초 제거를 중단할 수 있듯이, 그리스도인도 섬김과 사역에 인내하지 못할 수 있기 때문이다. 사역도 원예와 마찬가지로 후속 조치가 끊기면 수확이 부진해질 수 있다.

우리가 심어야 할 "선을 행"함이란 무엇인가? "모든 이에게 착한 일을 하되 더욱 믿음의 가정들에게" 하는 것이다(10절). 이는 단순하면서도 광범위한 포괄적 개념이다. 첫째,

---

8 자기의 육체를 위하여 심는 자는 육체로부터 썩어질 것을 거두고 성령을 위하여 심는 자는 성령으로부터 영생을 거두리라 9 우리가 선을 행하되 낙심하지 말지니 포기하지 아니하면 때가 이르매 거두리라

이 말은 그리스도인의 삶의 관건이 무엇인지를 보여 준다. 그 관건은 주로 모임이나 프로그램이나 심지어 회심이 아니라 내 앞에 있는 사람에게 선을 행하여 그에게 최선의 것을 베푸는 일이다.

둘째, '행하되'라는 단어에서 보듯이 우리는 사랑으로 상대의 필요를 분별하여 그게 무엇이든 베풀어야 한다. 물론 전도하고 복음도 전하지만 이 또한 상대를 사랑한다는 목적의 수단으로서만 한다(회심시킨다는 목적의 수단으로 상대를 사랑하는 게 아니다). '행하되'라는 말은 우리가 하는 일이 전도와 제자훈련에만 국한되어서는 안 된다는 뜻이다. 우리는 말로만 아니라 행위로도 사랑해야 한다. 꼭 필요한 도움이라면 물질적, 사회적, 영적 필요를 가리지 않고 우리의 힘닿는 한 무엇이든 채워 주어야 한다. 이 짧은 문구에서 보듯이, 기독교 사역에는 그리스도께 삶을 드리는 방법을 설명해 주는 일 못지않게 재활원에서 돕는 일도 포함된다.

이 사랑의 대상은 모든 이다(10절). 우리가 지레 엄두를 못 내는 일이 없도록 바울은 이미 "기회 있는 대로"라는 단서를 덧붙였다. 우리는 개인적으로 모든 사람의 모든 필요를 다 채워 주어야 하는 게 아니다. 내 자리에서 주변을 둘러보고 가까이 있는 사람들을 주목하면 된다.

---

10 그러므로 우리는 기회 있는 대로 모든 이에게 착한 일을 하되 더욱 믿음의 가정들에게 할지니라

그러나 특히 더 사랑을 베풀 대상은 "믿음의 가정들"이다(10절). 이는 모든 그리스도인이 한 가족임을 보여 주는 놀라운 문구다. 그리스도인은 다 하나님 집의 형제자매다(4:5). 우리는 함께 교제하는 이들에게 열심히 선을 행해야 한다.

"포기하지 아니하면" 이런 생활방식으로부터 영원히 만족스러운 진정한 삶을 거두게 된다(9절). 단기적으로 보면 이런 삶에는 엄청나게 많은 희생이 요구된다. 안정되지 못한 이들에게 정서적으로 당신의 마음을 매어 놓으면, 피할 수도 있었을 큰 고생을 겪는다. 사역의 관계에 있다 보면 선택의 폭도 많이 좁아진다. 개인과 사역과 대의에 아낌없이 헌금하면 돈도 줄어든다. 대가가 크지만 바울이 암시하듯이 보상은 훨씬 크다. 종자의 비용보다 수확물의 값어치가 더 큰 것과 같다! 첫째, 우리는 사람들의 변화된 삶을 보며 직접 깊은 만족을 누릴 때가 많다(참조, 마 9:37). 둘째, 살기 좋고 행복한 곳으로 변하는 가정과 공동체와 심지어 도시를 보며 직접 깊은 만족을 누리기도 한다. 셋째, 여태 우리가 짐을 져 준 사람들이 남의 짐을 져 주는 모습도 볼 수 있다. 변화된 삶의 주인공이 어느새 다른 사람들의 삶을 변화시키기 시작한다.

그러나 설령 겉으로 큰 성과가 없더라도 더 깊은 수확이 발생함을 깨달아야 한다. 사역을 통해 우리 자신의 성품이 속속들이 변화된다. 방종이 줄어들므로 양심이 청결해지고 마음이 더 행복해진다. 성품도 이기심은 줄고 자족감은 커져, 역경에 처했을 때 큰 도움이 된다. 수확이 신속하지 못하거나 자신의 결실을 눈으로 다 보지 못할 수도 있다. 그러나 성령을 위하여 심는 사람에게는 반드시 풍성한 수확이 따른다.

:: 바울의 친필

이제 바울은 대필자에게서 붓을 받아든다. 여태 쭉 보았듯이 갈라디아서는 신학 논문이 아니라 한 사람이 수신자들을 깊이 사랑하여 쓴 편지다. 이제 그의 글은 마지막 호소로 넘어간다. 구원을 계속 복음에 의지하고 또 날마다 복음대로 살라는 마지막 초청이다. 그러면서 그는 일부러 "내 손으로 너희에게 … 쓴"다(11절).

우선 그는 그들에게 진정한 기독교의 관건이 겉으로 계율을 지키는 게 아니라 내면의 변화임을 확신시키려 했다. 즉 껍데기가 아니라 알맹이다. 이번에도 그는 거짓 교사들의 동기에 초점을 맞춘다. 그들은 "육체의 모양을 내려 하는 자들"이다(12절).

바울이 이미 말했듯이 우리가 전하는 복음은 인간의 본성에 심히 걸림돌이 된다(5:11-12). 사람들은 자신이 너무 연약하고 죄가 커서 구원에 조금도 보탬이 될 수 없다는 말을 모욕

---

11 내 손으로 너희에게 이렇게 큰 글자로 쓴 것을 보라

으로 받아들인다. 복음은 진보적으로 사고하는 이들에게 걸림돌이 된다. 그들은 복음이 배타적이라고 비난한다. 복음이 십자가를 통해서만 구원받을 수 있다고 선포하기 때문이다. 복음은 보수적으로 사고하는 이들에게도 걸림돌이 된다. 복음이 '착한' 사람도 십자가 없이는 '악한' 사람만큼이나 구제 불능이라고 선포하기 때문이다. 결국 복음이 걸림돌이 됨은 십자가가 모든 자력 구원의 방법에 역행하기 때문이다. 세상은 "종교"와 "도덕"을 높이 평가한다. 도덕적 종교가 사회에 유익하다는 것이다. 그런 세상이 십자가만은 걸림돌로 여긴다. 그래서 십자가를 사랑하는 사람은 박해를 당한다(12절).

십자가는 본래 걸림돌이다! 이 걸림돌과 먼저 씨름하지 않고는 십자가의 아름다움도 알 수 없다. 십자가를 깨달은 사람에게는 십자가가 인생 최대의 사건이거나 혐오 대상이거나 둘 중 하나다. 둘 중 어느 쪽도 아니라면 아직 십자가를 모르는 사람이다.

유대주의자들이 숭배한 거짓 구주는 인정이었다. 바로 그게 그들의 율법주의적 가르침의 배후였다. 그들이 그렇게 가르친 이유는 "그리스도의 십자가로 말미암아 박해를 면하려 함뿐"이었다(12절). 그들은 "자랑하려" 했다(13절). 그들이 종교에 심취한 이유는 종교가 세상에서 자신에게 명성과 위신과

---

12 무릇 육체의 모양을 내려 하는 자들이 억지로 너희에게 할례를 받게 함은 그들이 그리스도의 십자가로 말미암아 박해를 면하려 함뿐이라

영광을 가져다 줄 수 있었기 때문이다. 4장 17-18절에 보았듯이 그들의 사역은 일종의 자력 구원이었다.

이렇게 세상에 받아들여지려고 겉모습에 신경 쓴 결과, 거짓 교사들이 내놓은 종교는 주로 외면과 행위(할례와 의식법)에 치중했다. 마음과 동기와 성품 등 내적 변화는 딴전이었다. 복음은 안팎을 속속들이 변화시킨다.

심령의 내적 변화가 새로운 동기와 행실로 이어진다. 그런데 그들은 바깥에서 시작하여 바깥에서 끝났다. 마음을 다루지 않고 행동에만 매달려 늘 피상적 수준에 머물렀다.

다시금 바울은 이런 종교를 아주 뜨끔하게 비판한다. "할례를 받은 그들이라도 스스로 율법은 지키지 아니하고"(13절). 성경에 나오는 율법주의는 그 자체가 성립되지 않는다. 율법을 정말 읽고 율법에 명한 바를 본다면(예컨대 "네 이웃 사랑하기를 네 자신 같이 하라," 5:13-14), 율법을 지켜서는 절대로 구원받을 수 없음이 자명해진다. 외면과 행위를 구원의 길로 삼는 종교는 자만심을 부추기고 인기를 안겨 줄지는 몰라도, 약속했던 영생을 가져다줄 수는 없다.

---

13 할례를 받은 그들이라도 스스로 율법은 지키지 아니하고 너희에게 할례를 받게 하려 하는 것은 그들이 너희의 육체로 자랑하려 함이라 14 그러나 내게는 우리 주 예수 그리스도의 십자가 외에 결코 자랑할 것이 없으니 그리스도로 말미암아 세상이 나를 대하여 십자가에 못 박히고 내가 또한 세상을 대하여 그러하니라

바울에 따르면 결국 당신의 신앙의 골자는 당신이 자랑하는 바로 그것이다. 당신과 하나님의 관계가 바르다고 생각하는 근본적인 이유가 무엇인가?

십자가는 보조일 뿐이고 당신의 선행으로 구원을 완성해야 한다면, 정작 천국행 여부를 결정짓는 것은 당신의 행위다. 그런 사람은 '육체로 자랑한다'(13절). 자신의 노력을 자랑한다. 스스로 천국에 한자리를 점지하고 자화자찬할 수 있다니, 이 얼마나 귀에 솔깃한 메시지인가!

그러나 복음을 제대로 알면 오직 십자가밖에 자랑할 것이 없다. 정체와 자아상의 기초는 우리에게 존엄성과 자존감을 부여하는 그것에 있다. 바로 그게 우리의 자랑거리가 된다. 종교는 우리 자신을 자랑하게 하지만 복음은 예수님의 십자가를 자랑하게 한다. 예수 안에서 우리의 정체가 그만큼 당당하고 확실하다는 뜻이다. 우리도 자랑을 하긴 하지만, 자신의 허물과 빈곤을 절감하기에 겸손히 한다!

그래서 복음은 이 놀라운 한 문장으로 잘 압축될 수 있다. "내게는 우리 주 예수 그리스도의 십자가 외에 결코 자랑할 것이 없으니 그리스도로 말미암아 세상이 나를 대하여 십자가에 못 박히고 내가 또한 세상을 대하여 그러하니라"(14절).

나를 구원한 것은 오로지 전적으로 그리스도께서 이루신 일이지 내 행위가 아니다. 그분이 천국에 내 자리를 예비하시고 값없이 내게 주셨다. 그래서 나는 "십자가 외에 결코 자랑할 것이 없"다. 하나님 앞의 내 신분을 나 자신의 공로로 돌리지 않고, 그리스도께서 이루신 일을 자랑할 뿐이다. 자랑한다는 것은 즐거운 희열에 겨워 대상을 굳게 신뢰한다는 뜻이다. 자신이 오직 그리스도께서 이루신 일로만 구원받았음을 알면, 확신에 차서 기뻐 자랑하게 된다. 자아에 대한 확신이 아니라 그리스도께 대한 확신이다.

참으로 그리스도만을 자랑하면 내 삶에 완전한 방향 전환이 이루어진다. 세상은 나를 대하여 죽었다. 우선 존 스토트의 말대로 그리스도인은 세상이 자신을 어떻게 생각하는지 신경 쓸 필요가 없다. 그러나 도널드 거스리의 말이 바울의 요점에 더 가까울 것이다.

"자연 세계는 … 우리에 대한 일체의 권리를 잃었다."
-《갈라디아서》

바울의 말마따나 세상은 그리스도인을 지배할 힘이 전혀 없다. 보다시피 그는 세상이 죽었다고 말하지 않고 세상이 "나를 대하여" 죽었다고 했다. 복음은 세상의 권력을 무너뜨린다. 왜 그런가? 지금까지 쭉 말했듯이, 내 의나 구원이나 자랑거리가 세상에 없을진대 나를 지배하는 것 - 내게 꼭 있어야만 하는 것 - 도 세상에 전혀 없다.

바울의 말은 우리가 세상 사람들이나 세상사와 무관해져야 한다는 뜻이 아니다. 세상과 분리되고 무관해져야만 한다면, 역설적이게도 아직 세상이 내게 막강한 권력을 행사하고 있다! 바울의 말은 그리스도인이 이제 세상을 마음껏 누릴 수 있다는 뜻이다. 더는 세상을 두려워할 필요도 없고 숭배할 필요도 없으니 말이다.

그래서 바울은 5장 6절에 했던 말을 되풀이한다. "할례나 무할례가 아무것도 아니로되 오직 새로 지으심을 받는 것만이 중요하니라"(6:15). 종교적, 도덕적 성취는 구원과 무관하며 종교적, 도덕적 실패도 마찬가지다. 관건은 내 행위가 아니라 그리스도께서 이루신 일이기 때문이다.

십자가에 못 박히신 그리스도의 복음 때문에 바울은 누구에게도 열등감을 느끼거나 주눅이 들지 않는다고 말한다. 할례는 아무런 의미가 없다. 또한 복음 때문에 그는 누구에게도 우월감을 품거나 경멸하지도 않는다. 무할례도 아무런 의미가 없다.

중요한 것은 십자가에 못 박히신 그리스도를 통해 "새로 지으심을 받는 것"뿐이다(15절). 복음은 내 미래를 바꾸어 놓는다. 그리스도께서 재창조하실 완전한 세계에 내 자리를 마련해 준다. 복음은 내 현재도 바꾸어 놓는다. 전혀 새로운 자아상을 가져다 주고, 모든 사람을 전혀 새로운 방식으로 대하게 한다.

15절의 "새로 지으심을 받는 것"은 5장 6절의 "사랑으로 써 역사하는 믿음"과 맥을 같이한다. 이 둘이 사실상 같다는 게 바울의 요지다. 복음을 받아들이면 순종의 동기가 새로워진다. 바로 그리스도께서 이루신 일을 믿음의 눈으로 볼 때 싹트는 감사와 사랑이다. 이 새로운 동기가 우리를 속속들이 새롭게 한다. 이것이 중생(重生)이고, 성품의 초자연적 변화이며, 새로 지으심이다.

이렇듯 14-15절에, 내 행위가 아니라 그리스도께서 이루신 일을 의지한다는 게 어떤 의미인지 요약되어 있다. 바울의 말은 이런 것이다. "복음은 나의 근본적인 자랑거리를 바꾸어 놓았고, 내 정체의 기초를 온통 바꾸어 놓았다. 온 세상의 그 무엇도 나를 지배하지 못한다. 내게 세상이 꼭 필요하지 않기에 드디어 나는 세상을 마음껏 누릴 수 있다. 누구에게든 우월감이나 열등감도 느끼지 않는다. 나는 전혀 새로운 존재로 완전히 변화되어 가고 있다."

:: 평강의 삶

14-15절이 5장의 요약이라면 16절에는 바울이 3장에 한 말이 압축되어 있다(놀랍고도 격정적인 문장의 바로 다음이라서 자칫 16절을 놓치기 쉽다!). 여기서 그는 복음에 합당한 삶을 '규례'라

---

15 할례나 무할례가 아무 것도 아니로되 오직 새로 지으심을 받는 것만이 중요하니라

칭했다(16절). 삶의 방식이요 전체의 기초라는 뜻이다. 그에 따르면 누구든지 그리스도의 복음을 '규례'로 삼는 사람은 '평강과 긍휼'을 누린다. 그런 사람은 또 '하나님의 이스라엘'의 일원이 된다. 모든 그리스도인은 아브라함의 자손이며, 하나님이 아브라함에게 주셨던 약속의 상속자다.

말을 마치면서 바울이 지적하는 사실이 있다. "내가 내 몸에 예수님의 흔적을 지니고 있노라"(17절). 이 흔적이란 무엇일까? 그리스도를 위해 받았던 고문과 투옥과 태장의 물리적 흉터일 것이다. 대중에 영합하여 자력 구원의 거짓 복음을 전하던 교사들은 그런 흔적이 하나도 없었다. 세상이 듣기 좋아하는 메시지만 전했으니 말이다.

그러나 바울은 1-2장에 친히 논증했듯이 참 사역자요 참 사도였다. 그래서 "나를 의심하지 말라. 내게는 사도의 권위를 보여 주는 진정한 흔적이 있다. 위대함과 부요함이 아니라 고난과 연약함의 흔적이다"라고 말했다.

그러고 나서 그는 글을 맺는다. 하지만 마지막까지도 바울은 갈라디아 교인들에게 이 서신의 메시지를 상기시킨다. "우리 주 예수 그리스도의 은혜"(18절)는 그리스도인의 삶에 들어가는 문이고, 그 삶을 지속하는 길이며, 그 삶에 필요한 모든

---

16 무릇 이 규례를 행하는 자에게와 하나님의 이스라엘에게 평강과 긍휼이 있을지어다 17 이 후로는 누구든지 나를 괴롭게 하지 말라 내가 내 몸에 예수의 흔적을 지니고 있노라

것이다. 우리는 은혜로 시작한다. 그리스도께서 이루신 일을 믿어 의롭다 하심을 얻는다. 우리는 또 자신의 행위로 아니라 은혜로 지속한다. 갈라디아 교인들은 바로 이 은혜의 복음을 "너희 심령에" 알고 사랑해야 했다. 은혜의 복음은 추상적 진리를 모아 놓은 게 아니라 삶의 방식이다. 이 확실한 삶은 현세에도 깊은 만족을 주다가 장차 영생으로 이어진다. 아멘.

18 형제들아 우리 주 예수 그리스도의 은혜가 너희 심령에 있을지어다 아멘

2장 16절, 3장 2, 5, 10절에 나오는 "율법의 행위"라는 용어와 관련하여 최근에 새로운 관점이 제시되었다.

많은 해석가들에 따르면, 이는 바울이 모세의 의식법-할례, 식사법, 기타 의식상의 정결을 유지하는 율법 – 만을 따로 떼어 지칭한 말이다. 이 관점대로라면 율법의 행위는 도덕적 행위 전반이 아니라 유대인의 문화적 관습과 민족적 경계 표지를 수용한다는 뜻이다. 따라서 유대주의자들이 갈라디아 교인들에게 권한 것도 행위를 통한 의와 구원(즉, 하나님과 바른 관계를 맺으려면 특정한 율법을 지켜야 한다는 개념)이 아니다. 대신 이 교사들은 이방인 그리스도인들에게 유대인의 민족적 표지를 받아들여 문화적으로 유대인처럼 되라고 요구했을 뿐이라는 것이다.

이렇듯 이 새로운 관점으로 보면 유대주의자들은 율법주의자가 아니라 민족주의자다. 따라서 바울이 배격하는 것도 행위 구원이 아니라 인종적, 민족적 배타주의다. 그러면 바울이 갈라디아서를 쓴 목적은, 모든 민족과 계층이 "하나님의 식탁"에 대등하게 앉는다고 역설하는 게 된다. 우리 모두가 그리스도 안에서 하나이니 말이다.

내가 오랜 시간을 들여 이 새로운 관점의 장단점을 저울질해 본 결과, 몇 가지 아주 유익한 점이 있긴 하지만 "율법의 행위"에 대한 역사적, 전통적 관점을 뒤집지는 못한다. 여기서 심층 분석으로 들어갈 수는 없고, 최종 결론처럼 말할 생각도 전혀 없다. 그래도 나의 결론을 약술하면 다음과 같다.

민족주의와 율법주의를 마치 별개인 냥 완전히 가를 수는 없다. 사실 갈라디아서에 다루어진 논쟁의 한복판에 인종적, 민족적 자만심과 우월감이 도사리고 있다. 2장 11-15절에 보면 베드로도 유대주의자들의 영향으로(2:12) 거기에 확연히 지배당했다. 이 교사들은 그리스도를 믿는 이방인 회심자들에게 유대인의 문화적 경계표지를 강요했다. 이렇듯 율법의 행위에 이런 의미도 포함되는 것은 사실이다.

그러나 민족주의도 일종의 율법주의다. 율법주의는 하나님께 완전히 받아들여지기 위한 조건으로 예수 그리스도에 뭔가를 더한다. 도덕적 우월감이 선행에서 비롯되든 민족적, 문화적 혈통에서 비롯되든 그 영적인 뿌리는 똑같다. 하지만 우리는 자신의 행위나 됨됨이 때문이 아니라 그리스도께서 이루신 일을 통해 구원받는다. 그게 복음이다. 따라서 유대주의자들이 이방인 회심자들을 율법의 행위로 이끈 데는 유대인의 문화적 정체를 받아들이라는 의미만 아니라, 그들을 일종의 자력 구원으로 끌어들이는 의미도 있었다. 하나님 앞에서 신분의 근거를 인간의 성취에 두려 한 것이다.

"율법의 행위"에 대해 바울이 로마서에 한 말에도 그게 나타나 있다(그 용어는 롬 3:20, 27, 28절에 나온다). 유대인의 경우, 한편으로 이 표현에는 분명히 민족적 의미가 담겨 있다. 이스라엘은 행위를 통해 하나님과 관계를 맺으려 했다(롬 9:30-10:3). 그러나 다른 한편으로 바울은 율법의 행위를 "자랑"과 연결시킨다(롬 3:27-28).

여기에 핵심이 있다. 성경 전체에서 '자랑'은 우리가 믿고 의지하는 대상과 관계되기 때문이다(렘 9:23-24, 고전 1:31 참조). 바울의 말대로 율법의 행위 배후에는 바로 우리 자신을 믿거나 자랑하는 마음이 깔려 있다. 그래서 율법의 행위는 민족주의를 의지(또는 자랑)한다는 의미일 수 있으나, 그런 의미만일 수는 없다. 민족주의도 자력 구원이나 율법주의의 한 형태이며, 바울이 말하는 "율법의 행위"란 바로 이런 의미다.

결론적으로 우리는 여전히 갈라디아서를, 바울이 값없는 은혜를 변호하고 인간의 성취나 지위로 하나님의 은총을 얻어 내려는 자세를 배격한 글로 읽어야 한다. 새로운 관점은 갈라디아서에 대한 전통적 해석을 무너뜨리지 못한다. 그럼에도 "율법의 행위"라는 용어를 둘러싼 논쟁은 두 가지 면에서 도움이 된다.

첫째, 이 논쟁은 복음이 기독교 교회와 공동체 안으로부터 얼마나 교묘하게 변질될 수 있는지를 보여 준다. 새로운 관점을 잘 보면, 유대주의자들은 그리스도를 딱 잘라 거부한 노골적인 율법주의자가 아니었다. 곧 보겠지만 그들은 "너희에게 그리스도가 필요 없다. 착하게만 살면 어차피 천국에 간다"고 말하지 않았다. 갈라디아 교인들을 구원한 복음의 메시지를 그렇게 대놓고 반박했다면, 교인들도 속았을 리가 없다.

대신 유대주의자들은 이렇게 말했다. "물론 너희가 구원받는 데는 예수님이 중요했고 꼭 필요했다. 하지만 하나님께 온전히 받아들여지도록 성장하려면 그분을 믿는 것만으로 부족하다. 이제부터 모세가 명한 의식과 문화적 관습을 몽땅 받아들여야 한다." 교묘하기가 이를 데 없다. 이런 말이나 같다. "하나님과의 관계는 은혜로 맺어졌지만 그분 안에서 자라 가려면 열과 성을 다해 이 특수한 계율을 다 지켜야 한다"(3:1-5).

마찬가지로 우리 교회들 안에 영혼을 죽이는 도덕주의가 발흥할 때도 이신칭의의 교리를 대놓고 노골적으로 부정하는 방식으로는 아닐 것이다. 이 진리는 오히려 문화적 동조를 요구하는 새로운 방식이나 그밖의 접근법을 통해 변질될 소지가 훨씬 높다. 우리 문화와 우리 시대에도 그런 방식들은 과거의 유대주의자들만큼이나 교묘하다.

둘째, 이 논쟁은 갈라디아서가 과도하게 교리에 대한 학문적 논쟁으로 읽혀 왔음을 보여 준다. 그러나 바울은 개개인의 교리적 신념의 붕괴만 우려한 게 아니라 그리스도인의 연합과 기독교 공동체의 붕괴도 깊이 우려했다. 중요하게 보아야 할 것은 갈라디아서에 민족적, 문화적 배타성의 문제와 그

밖에 그리스도인의 삶의 사회적 측면이 매우 많이 다루어져
있다는 사실이다. 복음의 진리는 상아탑과 강의실과 박사학위
논문에만 해당되는 문제가 아니라, 일상생활과 마음과 가정에
도 근본이 된다. 교인들과 직장 동료들을 대하는 부분에도 마
찬가지다.

생각해 보기 위한 질문들

Part 1

Chapter 1

1. 바울의 말처럼 기독교 신앙은 머리 보다는 가슴의 문제, 지성 보다는 감정의 문제다. 이것이 당신에게 어떤 격려와 도전이 되는가?

2. 내가 신약성경에 나오는 사도들의 가르침을 받아들이기가 어려운 때는 언제이며, 그 이유는 무엇인가?

3. 내게 누군가 무엇을 믿는지 묻는다면 복음을 어떻게 설명하겠는가?

4. 나에게 복음의 진리는 얼마나 중요하며, 그것을 삶에서 어떻게 드러내고 있는가?

5. 복음을 제대로 이해하면 왜 '거짓 복음'에 분노하게 되는가?

6. 현대의 세 가지 거짓 복음 중 나와 교회가 가장 빠지기 쉬운 위험은 무엇인가

Part 2

Chapter 2

1. 나는 하나님의 은혜를 받을 자격이 있는가? 그렇게 생각하는 이유는 무엇인가?

2. 은혜의 복음이 나를 교만과 죄책감으로부터 어떻게 해방시켜 주는가?

3. 내가 회심 후에 하나님을 섬기도록 준비시키시고자, 회심 이전의 내 삶에 어떤 일들을 행하셨는가?

4. 나를 통해 다른 사람들이 하나님을 높여 드리고 찬송하게 하기 위해서 어떻게 살아야 하는가?

5. 사람을 두려워하고 인정받으려는 유혹을 언제 가장 크게 느끼는가? 그때 하나님을 기쁘시게 하는 것을 목적으로 둔다면 무엇이 달라지는가?

6. 하나님과 신앙 공동체와 그 외 사람들과 신앙을 나누는 일에 얼마나 많은 시간을 사용하는가?

Chapter 3

1. 나의 행동(행위)가 구원에 어떤 영향을 주며, 그렇게 생각한 이유는 무엇인가?

2. 내게 익숙한 문화와 교육에서 배운 '착하고 점잖은' 태도는 무엇인가? 어떻게 이것을 그리스도를 믿는 믿음에 더하여야 할 것으로 격상시켰는가?

3. 하나님과의 관계에서 죄책감이나 불안을 느낄 때가 있는가? 만약 그렇다면, 나를 향한 '하나님의 인정'의 관점에 대해 어떤 기준을 가지고 있다는 뜻인가?

4. 복음의 연합을 경시하는 교회들과 제도적인 연합을 위해 복음의 진리를 희생하는 교회들의 사례를 들 수 있는가?

5. 가난한 사람들을 어떻게 돌보고 있는가? 갈라디아서 2장 10절이 나에게 어떤 도전이나 격려 혹은 부담이 되는가?

6. 나와 우리 교회는 복음을 주변 문화에 지나치게 맞추고 적응시키려 하지는 않는가? 반대로 지나치게 별개로 여기고 있는지 않는가?

Chapter 4

1. 지난 달 나는 삶의 어떤 영역에서 점점 더 복음에 합당하게 행했는가? 지난 한 해 동안은 어떠했는가?

2. 교회에서 '나와 다르다'는 이유로 '함께 먹지' 않은 사람들이 있는가? 이런 태도의 배후에는 어떤 독선적인 태도가 자리하고 있는가?

3. 나와 다른 그리스도인의 마음을 죄책감이 아닌 복음으로 동기부여하기 위해서는 어떻게 해야 하는가?

4. 그리스도의 죽음이 나에게 주는 의미는 무엇인가? 그것이 그리스도를 향한 사랑과 내 삶의 활동에 어떤 영향을 주었는가?

5. 교회에 가본 적이 없는 사람에게 '믿음으로 의롭다 함을 얻는다'는 개념을 어떻게 설명하겠는가?

6. 착하게 살면 하나님이 받아 주신다고 생각하는 사람에게 도덕성과 그리스도인의 차이점을 어떻게 설명하겠는가?

Part 3

Chapter 5

1. 나를 지속적으로 받아 주시는 근거가 복음이라는 사실을 잊어버릴 위험이 있는가? 그 이유는 무엇인가?

2. 나는 어떤 방법으로 그리스도를 자주 상기하는가?

3. 내가 자주, 쉽게 짓는 죄를 한 가지 생각해 보라. 예수님보다 더 숭배해 불순종하게 만드는 것은 무엇인가? 유혹이 찾아올 때 이 거짓 구주를 어떻게

몰아내고 참 구주를 따르겠는가?

4. 내가 의로 여김을 받은 일이 자신을 바라보는 방식을 어떻게 바꾸었는가? 그리스도인의 삶과 예수 그리스도를 보는 눈은 각각 어떻게 달라지는가?

5. 율법으로 사는 '저주'의 심리적 측면을 경험한 적이 있는가? 혹은 다른 사람의 경우를 본 적이 있는가?

6. 갈라디아서 3장 13-14절의 말씀 가운데 나에게 가장 감격스러운 진리는 무엇인가?

Chapter 6

1. 하나님이 아브람과 언약을 맺으신 부분이 나에게 어떻게 격려가 되는가?

2. 하나님이 받아 주실 만한 사람이 되려고 노력에 의존하려는 유혹을 받을 때는 언제인가?

3. 먼저 당신의 마음을 진단해 보라. "나는 언제 살면서 절망하는가? 무엇이 스스로를 자랑스럽게 만드는가?"

4. 회심하던 순간이나 복음을 처음 이해한 때를 생각해 보자. 하나님의 율법을 보는 관점이 어떻게 바뀌었는가?

5. 하나님의 율법을 알고 그리스도께 어떻게 더 감사하게 되었는가? 나의 정서가 어떻게 달라졌는가?

6. 나는 왜 율법에 순종하는가? 잘못된 이유로 순종할 때도 있는가?

Chapter 7

1. 하나님의 양자가 된 기분이 어떠한가?

2. 삶에서 자신이 그리스도로 옷 입었다는 사실을 가장 기억하기 힘든 부분은 어디인가?

3. 내가 사는 곳에서 사람들을 갈라놓는 장벽은 무엇인가? 그런 장벽이 교회 안에서는 어떻게 허물어졌는가? 이를 위해 나는 무엇을 하고 있는가?

4. 이번 장의 성경 본문에서 당신에게 가장 감격스럽게 다가온 것은 무엇인가?

5. 내가 하나님께 입양된 존재임을 알 뿐 아니라 경험하고 있는가? 어떻게 하면 아들 예수님이 이루신 일을 더 묵상하고, 성령님께 나의 정서를 더 가꾸어 달라고 기도할 수 있는가?

6. 나는 어떤 순간에 아들이 아닌 종으로 살아갈 위험이 가장 큰가?

Chapter 8

1. 내가 섬길 위험이 가장 높은 우상은 무엇인가?

2. 하나님이 나를 아신다는 사실이 나를 안심시켜 주는가?

3. 하나님이 나를 아신다는 사실을 기억하면 어떻게 우상 숭배의 유혹에서 벗어날 수 있는가?

4. 참된 복음 사역의 특성과 실행에서 나에게 특별히 와 닿은 부분은 무엇인가?

5. 사람들이 어떤 식으로든 나에게 의존한다는 개념에 마음이 솔깃할 때가 있는가? 그 이유가 무엇인가? 그 배후의 목표가 혹시 본문의 거짓 교사들의 경우와 같지는 않은가?

6. 우리는 누구나 동료 그리스도인들에게 복음 사역자가 될 수 있다. 이번 성경 본문을 바탕으로 나의 사역이 어떻게 달라질 수 있는가?

Chapter 9

1. 이번 장에 살펴본 네 부류의 사람에 비추어, 나의 과거를 돌아보고 신앙생활을 추적해 보라.

2. 아브라함은 자신의 힘으로 하나님의 약속을 이루기로 했다. 나도 그와 비슷하게 행동한 적이 있는가? 그 결과는 어떠했는가?

3. 나와 주변 사람들의 삶에서 불가능해 보이는 일을 가능하게 하시는 하나님을 본 적이 있는가?

4. 나와 사라의 비슷한 점은 무엇인가? 만일 그렇다면 사라의 경험이 나에게 어떤 격려와 자극이 되는가?

5. 자녀를 (자녀가 있든 없든) 나의 구세주로 여길 수 있는가?

6. "기독교의 메시지는 배타적이다"라는 반론에 이번 본문을 어떻게 사용해 답하겠는가?

Part 4

Chapter 10

1. 복음의 자유를 잃을 뻔 하거나 혹은 잃은 적이 있는가? 어떤 일이었으며, 그 사건을 통해 얻을 수 있는 교훈은 무엇인가?

2. 미래에 대한 확실한 소망은 지금 나의 삶을 얼마나 달라지게 하는가?

3. 나의 영광스러운 미래를 더 자주 묵상할 수 있는 확실한 방법은 무엇인가? 내가 취할 실제적 조치는 무엇인가?

4. 성공이나 실패에 대한 나의 반응은 복음에 합당한가? 아니면 행위를 통한 의에 기초하고 있는가?

5. 다른 사람을 사랑하기가 어려운 순간은 언제인가? 나의 소망을 기억한다면 어떻게 사랑이 더 많아지겠는가?

6. 내가 유독 힘들어하는 죄를 하나 생각해 보라. 그런 식의 죄를 원하는 이유가 무엇인가? 복음의 자유는 죄를 지으려는 그 동기를 어떻게 무너뜨리는가?

Chapter 11

1. 죄성의 일 중 나의 삶에 보이는 것은 무엇인가?

2. 내가 그런 식으로 생각하거나 행동하게 만드는 과욕은 무엇인가?

3. 이런 과욕을 물리치기 위해 어떻게 자신에게 은혜와 수용의 복음을 전하겠는가?

4. 자신을 점검해 보라. 삶에서 성령의 열매가 어떤 모습으로 자라고 있는가?

5. 나에게 성령의 열매와 혼동될 만한 자연적 특성이 있는가?

6. 내 삶에서 구별하고 해체해야 할 우상은 무엇인가? 어떻게 그것을 그리스도로 대체하겠는가?

Chapter 12

1. "노엽게 함인가 투기인가" 단락의 질문들에 답해 보라. 당신은 둘 중 어느 쪽에 더 가까운가?

2. 내가 구하는 '헛된 영광'은 대인관계에 어떤 모습으로 나타나는가?

3. 복음에 기초한 자아상이 있으면 나와 다른 사람을 보는 시각이 어떻게 달라지는가? 내가 스스로에게 복음을 전해야 할 특별한 순간은 언제인가?

4. 내가 온유한 마음으로 습관적인 죄를 바로잡아 주어야 할 사람이 있는가? 다른 사람들이 나를 바로잡아 주려 할 때 나는 어떤 마음이 들었는가?

5. 그동안 하나님이 남의 '짐'(2절)을 져 주도록 당신에게 주신 기회는 무엇인가?

6. 누구나 각자의 '짐'(5절)에만 책임질 뿐 다른 사람과 비교하여 어떻게 살았는가에 대해서는 책임이 없다. 이 사실을 알면 어떻게 마음이 가벼워지는가?

Part 5

Chapter 13

1. 내 삶에도 죄를 위하여 심었다가 '썩어질 것'을 거둘 수밖에 없었던 때가 있었는가?

2. 하나님이 허락하신 여러 구체적인 상황 속에서 나는 어떻게 성령님을 위하여 거두는 일을 하고 있는가?

3. 이번 본문은 어떻게 당신에게 "모든 이에게 착한 일을 하"고 싶은 의욕을

불러일으키는가? 구체적인 변화를 이루도록 성령님께서 감화하시는 부분이 있는가?

4. 14절이 내게 주는 감격과 도전은 무엇인가?

5. 복음에 합당한 삶의 평강을 누리고 있는 부분은 어디인가? 세상의 인정을 받으려는 욕구로 인해 이 평강을 놓치고 있는 부분은 어디인가?

6. 갈라디아서 전체의 메시지를 자신의 말로 짧게 요약해 보라.

아브라함: 이스라엘 나라의 시조이며, 하나님이 더불어 구속력 있는 계약(언약)을 맺으신 사람이다. 하나님은 그의 집안을 큰 나라로 삼아 땅을 주고, 후손 중 하나를 통해 모든 나라에 복을 주시겠다고 약속하셨다(참조 창 12:1-3).

절대적이다: 전적이고 영속적으로 확정된 상태.

정서: 마음의 성향. 정서가 우리의 감정을 충동하고 형성한다.

소외되다: 대상의 적이 되어 적의를 품다. 본문에서는 그 대상이 그리스도다.

우화: 더 깊은 의미나 진리를 보여 주는 이야기. 예컨대 존 번연(John Bunyan)의 《천로역정》은 그리스도인이 되어 그리스도인답게 살아간다는 내용의 우화다.

아멘: 진실하다.

도덕관념이 없다: 옳고 그름에 관심이 없다. 부도덕과는 다르다. 부도덕은 일반에 통용되는 옳고 그름의 기준을 받아들이지 않는다.

유비: 둘 사이의 비교. 대개 하나로 다른 하나를 설명하거나 분명히 밝힌다.

안디옥: 예루살렘에서 480킬로미터쯤 떨어진 현재의 터키 남부의 도시. 교인의 대다수가 이방인이었던 최초의 교회가 있던 곳. 예수님을 따르는 무리가 최초로 "그리스도인"이라 불린 곳도 안디옥이다(참조 행 11:19-26).

부정과거 시제: 누가 누구를 "때렸다"는 식으로 과거의 어느 한 특정한 시점에 벌어진 사건을 표현할 때 쓰였다.

아라비아: 이스라엘 동쪽의 불모의 사막 지역. 갈라디아서 4장 25절에 바울은 시내 산이 물리적으로 아라비아에 있다고 말한 게 아니라(사실 거기에 있지 않다!) 아라비아를 불모와 불임의 은유로 활용했다.

불임: 아이를 낳을 수 없는 상태.

교리문답: 기독교 신앙의 핵심 원리들을 문답식으로 가르친다.

할례: 하나님은 구약의 자기 백성 중 남자들에게 명하여, 그분을 알고 믿으며 그분 백성의 일원이라는 물리적 증거로 할례를 행하게 하셨다(참조 창 17장).

위임: 직무, 책임, 임명.

축첩: 첩은 한 남자가 함께 사는 여자로 아내(들)보다 지위가 낮다. 일종의 공식적인 입주 정부(情婦)다.

본받다: 어떤 사람이나 무엇처럼 변화되다.

난해하다: 복잡하다.

다메섹 도상: 예루살렘(현재의 이스라엘 소재)에서 다마스쿠스(현재의 시리아 소재)까지의 길로 거리는 220킬로미터쯤 된다. 부활하신 예수님이 바로 이 도상에서 사도 바울(본명 사울)에게 나타나셨다. 이 경험의 결과로 바울은 그리스도인이 되었다(행 9:1-19).

교단: 장로교, 침례교, 성공회, 감리교 등 교회의 갈래를 말한다.

교리: 하나님에 대한 진리를 공부함.

휴면: 일시적으로 활동하지 않는 상태.

평등주의: 모든 인간의 가치가 근본적으로 대등하다는 신념.

대담해지게 하다: 용기를 주다.

서신: 갈라디아서, 로마서, 고린도전서 등 신약성경의 편지.

전도, 전도하다: 사람들에게 예수 그리스도의 복음을 말해 주다.

희열: 행복과 감격을 느끼고 표현함.

사실상의: 실제의, 진정한.

이방인: 유대 민족이 아닌 사람.

은사: 하나님이 주신 재능이나 능력(참조 고전 12:4-11).

영화(榮化): 하나님의 사람이 장차 그리스도처럼 온전해져 하나님의 영원한 나라로 받아들여지는 순간.

복음: 흔히 "기쁜 소식"으로 번역되는 발표문. 로마 제국이 승전이나 업적을 전국에 알리려고 보내던 공고문을 "복음"이라 했다. 복음은 따라야 할 좋은 조언이 아니라 믿어야 할 기쁜 소식이다.

은혜: 자격 없이 받는 호의. 성경에서 "은혜"는 대개 하나님이 그분의 사람들을 대하시는 방식을 묘사할 때 쓰인다. 그분은 은혜가 충만하시므로 신자들에게 영생을 주시고(엡 2:4-8), 또 은사를 주셔서 그분의 사람들을 섬기게 하신다(엡 4:7,11-13).

이단: 성경의 복음에 정면으로 어긋나는 신념. 정통의 반대. 이단자는 잘못을 지적받고도 이단적 신념을 고수하는 사람이다.

거룩하다: 온전히 순결하다, 구별되다.

부여하다: 주다.

성육신: 하나님의 아들이신 신이 예수 그리스도라는 인간으로 오신 일.

개인주의: 인간은 각자 개인이므로 더 큰 집단의 일부도 아니고, 집단에 의존할 필요도 없으며, 집단에 책임질 일도 없다는 신념.

예루살렘: 이스라엘의 수도이자 성전의 소재지. 구약 시대의 하나님 백성에게 삶과 예배의 중심지였다. 성경의 저자들은 "이스라엘"이나 "하나님의 백성"을 상징하는 말로 자주 썼다.

세례 요한: 예수님의 사촌인 선지자. 그의 역할은 하나님께서 택하신 왕(그리스도)이 이스라엘에 곧 오실 것을 공포하고, 사람들에게 통치자이신 하나님께로 돌아와 그리스도를 맞이하도록 촉구하는 일이었다. 마가복음 1장 4-8절을 참조하라.

정결한 음식: 구약 음식법의 요건에 부합하는 음식.

율법주의: 특정한 계율들을 준수하는 삶의 방식. 이런 요건을 지키면 영생이나 세상 재물 등 모종의 복을 받는다고 믿는다.

방종: 아무렇게나 자기 마음대로 살아감.

방탕하다: 특히 성적인 부분에서 원칙보다는 감정대로 살아가다.

중보자: 양쪽의 적을 화해시켜 다시 친구가 될 수 있게 해 주는 사람.

은유: 빗대어 설명하되 문자적으로 취해서는 안 되는 표현. 예: "그 소식은 그의 심장을 찌르는 비수였다."

모세 율법: 하나님이 모세에게 주신 구약의 율법으로 출애굽기, 레위기, 민수기, 신명기에 나와 있다. 이스라엘이 하나님을 어떻게 대하고 그분의 백성으로서 어떻게 살아가야 하는지가 규정되어 있다.

모세: 하나님이 그분의 백성을 이집트의 노예 생활에서 해방시키시던 당시의 지도자. 그분은 십계명을 포함한 율법도 모세를 통해 주셨고, 약속하신 땅 앞으로 그들을 인도하실 때도 그를 지도자로 쓰셨다.

시내 산: 이집트와 약속의 땅(이스라엘) 사이의 광야에 있는 산. 여기서 하나님은 모세에게 자신을 계시하셨고, 이스라엘과 언약을 맺으셨고, 자기 백성에게 율법을 주셨다(참조 출 19장). 호렙 산이라고도 한다.

객관적이다: 감정이 아니라 사실에 근거한 진리. 예: "나는 이 여자와 결혼한 사이다."

정통: 표준으로 용인된 기독교의 가르침.

이교, 이교도: 참 하나님을 모르고 그분을 예배하지 않는 사람.

비유: 예수님이 자신이나 자신의 나라에 대한 어떤 진리를 예시하려고 들려주신 인상적인 이야기.

대구: 매우 비슷함. 일맥상통.

수동적 과정: 우리 쪽에서 아무것도 하지 않아도 발생하는 일("능동"의 반대). 예컨대 노화는 수동적 과정이다.

인내하다: 역경에 부딪쳐서도 어떤 생각이나 행동을 계속하다.

바리새인: 하나님의 구약 율법과 유대교의 전통을 양쪽 다 엄격히 지키며 살던 유대인 단체. 율법을 지킴으로써 하나님과의 관계가 바르게 된다고 잘

못 생각했다(예컨대 눅 18:9-14에 나오는 예수님의 비유를 참조하라). 바울도 그리스도인이 되기 전에 바리새인이었다(행 23:6, 26:4-5).

방임: 아무렇게나 자기 마음대로 살아감.

일부다처제: 아내가 동시에 둘 이상인 상태.

예정론: 하나님이 일부 사람들을 구원하시려고 선택하셨다는 교리로, 이때 구원의 근거는 인간의 성품이나 행위가 아니라 그분의 크고 과분한 사랑이다(예컨대 엡 1:4-6을 참조하라).

탕자: 돈을 헤프게 쓰거나 무모하게 낭비하는 사람.

선지자: 하나님께 쓰임 받아 사람들에게 메시지를 전한 사람.

거듭나다: 그리스도를 믿어 영원한 새 생명을 받은 사람(참조 요 3:5-8, 벧전 1:3-5).

상대화, 상대주의: 이 관점의 배후 신념에 따르면 진리와 도덕은 모든 시대 모든 정황에서 만인에게 적용되는 절대적 개념이 아니라, 각자의 문화와 경험의 산물이며 따라서 가변적이다. 즉 당신이 보기에 잘못된 일이 내게는 옳을 수도 있다.

의: 갈라디아서에서는 하나님과 바른 관계를 맺은 신분을 뜻한다.

성화(聖化): 순결해짐. 그리스도를 닮은 모습으로 변화됨(참조 롬 8:29).

세속: 신이나 종교와 무관하게 살아간다. 영성의 개념을 일체 거부한다.

시내 산의 율법 언약: 하나님이 그분의 백성과 맺으신 구속력 있는 계약으로, 그들이 이집트에서 약속의 땅으로 가던 도중에 체결되었다.

죄: 하나님을 거부하고 그분 대신 다른 것을 숭배하는 데서 비롯되는 생각과 말과 행동.

주권적이다: 왕권이 있다, 전능하다.

방언: 다른 언어로 말하는 영적 은사. 지상의 언어가 아닐 때도 있다. 예: 사도행전 2장, 고린도전서 12장 7-11절.

주관적이다: 감정과 의견에 기초한 무엇. 예: "그녀는 세상에서 가장 아름다

운 여자다"라는 표현은 주관적 의견이다.

대속(代贖): 사람이든 물건이든 하나로 다른 하나를 대신하거나 대체하는 교체 행위.

초자연적이다: 세상의 자연적 이치로는 발생할 수 없는 일을 묘사하는 표현.

신조: 원리나 신념.

간증: 하나님이 특정한 한 개인을 인도하여 예수님을 믿게 하신 과정에 대한 실화.

열두 사도: 예수님의 열두 제자로, 그분을 배반한 유다가 제외되고 그를 대신하여 뽑힌 맛디아로 충원되었다(참조 막 3:13-19, 행 1:15-26).

신학: 하나님에 대한 진리를 공부함.

기질: 특성이나 남다른 특징.

범법: 죄. 문자적 의미는 "선을 넘어갔다"는 뜻이다.

공백: 안에 아무것도 없는 공간. 본성은 늘 그 자리를 채우려 한다.

행위를 통한 의: 생각, 말, 행동 등 사람의 노력을 통해 하나님과 바른 관계를 맺을 수 있다는 견해.

멍에: 짐승의 목에 묶어 그 짐승이 끌고 갈 쟁기나 수레에 연결하던 나뭇조각.

열심: 대상에 대해 유난히 뜨겁고 열렬하고 강경한 상태.

참고문헌

- Sinclair B. Ferguson, *Children of the Living God* (Banner of Truth, 1989).

- Donald Guthrie, *Galatians*, New Century Commentary 시리즈 (Marshall, Morgan & Scott, 1973).

- C. S. Lewis, *Surprised by Joy: The Shape of My Early Life* (Houghton Mifflin Harcourt, 개정판, 1995). 《예기치 못한 기쁨》, 홍성사)

- Richard Lovelace, *Dynamics of Spiritual Life* (IVP, 1979)

- Martin Luther, *Commentary on the Epistle to the Galatians* (Suzeteo Enterprises, 2011).

- Douglas J. Moo, *The Epistle to the Romans*, New International Commentary 시리즈 (Eerdmans, 1996). 《NICNT 로마서》, 솔로몬)

- J. I. Packer, *God's Words* (IVP, 1981). 《꼭 알아야 할 기독교 핵심 용어》, 부흥과개혁사)

- David Powlison, "Idols of the Heart and 'Vanity Fair,'" *The Journal of Biblical Counseling* (제13권 2호, 1995년 겨울).

- John Stott, *The Message of Acts*, Bible Speaks Today 시리즈 (IVP, 1968). 《사도행전 강해》, IVP)

- John Stott, *The Message of Galatians*, Bible Speaks Today 시리즈 (IVP, 1968). 《갈라디아서 강해》, IVP)